D1719907

ALF LOHNE

Mach mehr aus deinem Leben

SAATKORN-VERLAG · HAMBURG

Titel der Originalausgabe: More out of Life
Ins Deutsche übertragen: Gudrun Haag
Titelfoto: A. Heine-Stillmark, O. Poss, A. Lohne, roebild
Einbandgestaltung: Hellmut Baensch

Saatkorn-Verlag GmbH, Grindelberg 13–17, 2000 Hamburg 13
Verlagsarchiv-Nr. 592 983
Gesamtherstellung: Grindeldruck GmbH, 2000 Hamburg 13
Alle Rechte vorbehalten – Printed in Germany
ISBN 3-8150-0812-3

Inhalt

DAS HEUTE
UND DER ERFOLG
VON MORGEN

Dem Ziel entgegen | 1

> *Erfolg auf irgendeinem Gebiet erfordert ein bestimmtes Ziel. Wer im Leben wirklich erfolgreich arbeiten will, muß ständig den Blick auf das Ziel gerichtet halten, das seiner Mühe wert ist.* Ellen G. White

„Ich habe schon viele kaputte Menschen kennengelernt — nicht durch die Welt, sondern durch sich selbst." Der englische Schriftsteller *Godfrey Winn,* der diese Bemerkung in einem Interview machte, ging selbst auf seinem Weg nach oben durch eine harte Schule. Er bat *Somerset Maugham* um ein Urteil zu seinem ersten literarischen Versuch. Nachdem der berühmte Autor ihn gelesen hatte, meinte er: „Ihr Manuskript ist vielversprechend. Warum kommen Sie nicht einfach mal hinaus zu unserem Landhaus und spielen ein wenig Tennis mit uns?"

Doch als *Winn* dann ankam, begrüßte ihn *Maugham* mit den Worten: „Sie sind nicht nur hergekommen, um Tennis zu spielen. Ich erwarte, daß Sie jeden Morgen tausend Wörter schreiben. Um Punkt 12.30 Uhr möchte ich lesen, was Sie geschrieben haben. Falls es nicht gut ist, bekommen Sie kein Mittagessen. Ich glaube nicht an Inspiration; harte Arbeit ist das einzige, was zählt."

Winn fügte sich. Es war eine wertvolle Erfahrung für seine Karriere. Von da an hatte er das Gefühl, daß jeder Tag verschwendet wäre, an dem er nicht zweitausend Wörter vor dem Mittagessen geschrieben hatte. Mehr als 6,5 Millionen Wörter in von ihm veröffentlichten Zeitungsartikeln und 2,5 Millionen Wörter in seinen 25 Büchern bezeugen seinen Fleiß. Zwei seiner Bücher sind Bestseller, wovon mehr als 500 000 Exemplare verkauft wurden.

Kürzlich las ich von einem Mann, der 25 Jahre lang Frauen und Männer geschult und ausgebildet hatte, Bücher zu verkaufen. Als er Leute dafür einstellte, machte er viele aufschlußreiche Erfahrungen. Oft dachte er nach solchen Gesprächen: „Dieser Mann wird einen großartigen Buchverkäufer abgeben. Alles spricht für ihn. Er sieht blendend aus, ist gut ausgebildet und versteht sich auszudrücken." Aber allzuhäufig scheiterte gerade einer dieser Männer. Warum? Sie hatten Schwierigkeiten, ihr eigener Chef zu sein.

Manchmal war es auch umgekehrt. Ein Mann, dem man abgeraten hatte, überhaupt zu versuchen, diese Laufbahn einzuschlagen, und der kaum Vorzüge aufweisen konnte, hatte großen Erfolg. Jener oben erwähnte Mann beschrieb seine Erlebnisse mit folgenden Worten: „Gestützt auf meine fünfundzwanzigjährige Erfahrung auf diesem Gebiet habe ich eingesehen, daß es völlig unmöglich ist, vorauszusagen, wer erfolgreich sein wird und wer nicht. Es kommt allein darauf an, inwieweit jemand fähig ist, sein eigener Chef zu sein."

Wenn Sie der Chef wären...

Ein widersprüchliches, aber zum Nachdenken anregendes Motto hängt im Eingang einer großen Fabrik. Es heißt: „Wenn Sie der Chef wären und Sie würden sich hier bewerben, würden Sie sich selbst einstellen?"

Die Idee, sein eigener Chef zu sein, ist nicht so abwegig, wie sie auf den ersten Blick scheint. Es ist auch keine neue Idee. Vor ungefähr dreitausend Jahren kam der für seine Weisheit berühmte König Salomo zu dem gleichen Schluß: „Ein Geduldiger ist besser als ein Starker und wer sich selbst beherrscht, besser als einer, der Städte gewinnt." (Sprüche 16, 32.)

Jeder, der viel reist, muß auf die zahlreichen Denkmäler von Berühmtheiten aufmerksam geworden sein. Besonders fallen darunter die Gedenkstätten für militärische Größen ins Auge — für mächtige Generäle und Admirale. Doch der weise Salomo betont, daß Selbstbeherrschung die wahre menschliche Größe darstellt und mehr zu ehren sei als ein militärischer Sieg. An menschlichen Maßstäben gemessen ist die Eroberung einer Stadt ein bemerkenswerter Sieg. Nach göttlichen Maßstäben dagegen ist die Fähigkeit, über sein eigenes Ich zu herrschen — sein eigener Chef zu sein — eine viel größere Leistung. Und diese Art Größe ist nicht nur wenigen Auserwählten vorbehalten, sondern jeder von uns kann sie erreichen. Jeder ist sich dabei selbst der beste Freund. Oder der größte Feind!

Eine alte nordische Legende berichtet von einem Mann, der sich von einem bösen Geist verfolgt fühlte, welcher ihm das Leben schwermachte. Der böse Geist riß das Dach vom Haus, zerschlug die Fenster und zerstörte seinen Garten. Er tötete sein Vieh und verursachte eine Mißernte. Da beschloß der Mann, diesen Geist zu vernichten. Der große Kampf begann. Die beiden fielen zu Boden und wälzten sich herum.

Lange Zeit war nicht absehbar, wer siegen würde. Dann spannte der Mann noch einmal all seine Kräfte an und gewann die Oberhand. Er zog sein Messer, um den Geist zu töten. Genau in jenem Augenblick blies der Wind die Wolken auseinander, und der Mondschein erhellte das Gesicht jenes Wesens. Der Mann bekam einen gewaltigen Schrecken — denn er blickte in sein eigenes Antlitz.

Wahre Größe

Vor Jahren stellte eine Lehrerin in England ihrer Klasse die Aufgabe, einen Aufsatz über „Wahre Größe" zu schreiben. Unter den Schülern war ein kleines Mädchen aus einer armen, ungebildeten Familie, und daher erwartete die Lehrerin von ihr nichts Außergewöhnliches. Der Aufsatz des Mädchens beeindruckte sie jedoch so sehr, daß sie ihn an die örtliche Zeitung einschickte. Die Veröffentlichung erregte ungewöhnliches Aufsehen. In ganz England zitierten die Zeitungen die Gedanken des kleinen Mädchens wieder und wieder. Keiner erinnert sich mehr an ihren Namen, doch was sie aussagte, ist immer noch wahr:

„Ein Mensch kann niemals wahre Größe erlangen, solange er danach strebt. Sie fällt einem zu, wenn man nicht danach Ausschau hält. Es ist schön, gute Kleider zu besitzen. Sie machen es wesentlich leichter, sich anständig zu benehmen. Ein Zeichen wahrer Größe ist es jedoch, sich so zu benehmen, als ob man welche hätte, auch wenn man keine hat. Einmal, als Mutti ein kleines Mädchen war, hatten sie einen Vogel, der hieß Bill, und er brach sich ein Bein. Sie dachten, sie müßten ihn töten, doch am nächsten Morgen sahen sie, wie er, so halb auf sein gesundes Bein gestützt, munter zwitscherte. Das war wahre Größe.

Einmal war da eine Frau, die hatte ihren großen Waschtag und hängte alle Wäsche auf die Leine. Die Leine riß, und die ganze saubere Wäsche fiel in den Dreck; aber sie klagte nicht. Sie wusch alles noch einmal, und dieses Mal breitete sie die Wäschestücke auf dem Rasen aus, von wo sie nicht herunterfallen konnten. In der Nacht rannte ein Hund mit schmutzigen Pfoten darüber. Als sie die Bescherung sah, setzte sie sich, weinte aber kein bißchen. Alles, was sie sagte, war: ,Ist es nicht komisch, daß der Hund auch wirklich jedes Stück erwischte?' Das war wahre Größe; aber nur Leute, die Große-Wäsche-Tage kennen, wissen, was das bedeutet." („Self Control in Small Things", Sunshine Magazine, Mai 1961.)

Chancen selbst schaffen

Ein sehr erfolgreicher norwegischer Geschäftsmann hielt anläßlich des fünfundzwanzigjährigen Betriebsjubiläums eine Rede und äußerte dabei: „Allen jungen Menschen, die im Leben hoch hinaus wollen, gebe ich diesen Rat: Entscheiden Sie, welche Grundlage Sie Ihrem Leben geben wollen. Stimmen Sie Ihre Pläne aufeinander ab und arbeiten Sie hart und entschlossen. Glauben Sie an die Zukunft, doch setzen Sie sich nicht einfach hin und legen die Hände in den Schoß und warten, bis die günstige Gelegenheit auf Sie zukommt, sondern schaffen Sie die Chancen selbst!"

Diese Einstellung macht das Leben lebenswert,

denn wirkliche Befriedigung liegt in den Anstrengungen selbst. Es ist wahrscheinlich wichtiger, als das eigentliche Ziel zu erreichen. Auf einem Flug nach London unterhielt ich mich mit meinem Platznachbarn, einem Schweden, darüber. Er zitierte die schwedische Dichterin *Karin Boye*, und deren Worte beeindruckten mich so, daß ich sie mir aufschrieb: „Natürlich gibt es einen Sinn und ein Ziel im Leben, es ist jedoch der Weg selbst, der aller Mühe wert ist."

Die Wahrheit dieser Aussage hat mir danach noch oft zu denken gegeben. Man braucht nur den Erzählungen der älteren Generation zuzuhören. Sie mögen erfolgreich sein, eine gehobene Stellung innehaben, in der Verwaltung zum Beispiel oder sonstwo viel zu sagen haben oder gut verdienen. Über diese Dinge reden sie jedoch nicht. An die Jahre des Erfolgs erinnern sie sich zuletzt. Wovon sie gern und häufig erzählen, sind die Schwierigkeiten, die überwunden werden mußten, bis sie all das erreichten. Die Jahre, in denen sie Hindernisse zu überwinden hatten, waren die besten ihres Lebens. „Es ist der Weg selbst, der aller Mühe wert ist."

Die besten Jahre unseres Lebens liegen nicht irgendwo in der fernen Zukunft. Wenn wir das Ziel erreicht haben, sind die meisten Schlachten geschlagen. Wir werden heute am stärksten herausgefordert — wenn unsere Träume noch unerfüllt sind.

Es ist nicht falsch, von der Zukunft zu träumen. Fast alle Errungenschaften unserer Kultur stammen von einem, der sich traute zu träumen, zu denken und zu arbeiten. Jede moderne Erfindung entsprang einer Idee im Kopf eines Menschen. Von *Henry Ford* heißt es, er hätte den Kopf voller Räder gehabt. Deshalb rollten seine Räder bald um die ganze Welt.

Eines Tages platzte *John D. Rockefeller* in eines seiner Büros und überraschte seinen Buchhalter, der über seine Abrechnungen gebeugt saß, mit den Worten: „Legen Sie Ihre Füße auf den Tisch! Lehnen Sie sich zurück und träumen Sie!"

Der Buchhalter war sehr erstaunt über diese Aufforderung und unsicher, worauf der Chef hinaus wollte. Als *Rockefeller* seinen Auftrag wiederholte, gehorchte der Buchhalter, wenn auch etwas zaghaft. Er fragte höflich: „Bitte, wovon soll ich denn träumen?"

„Träumen Sie davon, wie man für die Standard Oil Company Geld verdienen kann! Das wird von heute an Ihre Beschäftigung sein", antwortete *Rockefeller* kurz und bündig.

Rockefeller dachte an Geld und Macht. Es gibt jedoch weit lohnendere Dinge, um zu träumen. Es gibt so viele großartige Aufgaben, die zu erfüllen sind. Ein englisches Sprichwort sagt: „Wer sich noch nie in einer größeren Angelegenheit als seiner eigenen verloren hat, verpaßt einen der Höhepunkte im Leben." Bei der Beerdigung *John F. Kennedys* zitierte sein Bruder Edward einen von dessen Leitsätzen: „Manche Menschen schauen auf Dinge, wie sie sind, und fragen: ‚Warum?' Ich träume von Dingen, die es noch nie gab, und frage: ‚Warum nicht?'"

In seinem Buch „Der Traum der Jugend" schreibt *Hugh Black:* „Erzählen Sie mir Ihre Träume, und ich werde das Rätsel Ihres Lebens lösen! Erzählen Sie mir ihre Gebete, und ich werde die Geschichte Ihrer Seele schreiben! Erzählen Sie mir Ihre Fragen und Zweifel, und ich werde Ihnen sagen, was Sie erreichen werden. Erzählen Sie mir, was Sie suchen, und ich sage Ihnen, was Sie sind. Ihr Besitz ist mir gleichgültig — nur was Sie besitzen wollen, interessiert mich.

Ich kümmere mich keinen Deut um das, was Sie haben — behalten Sie es —, sondern um das, was Sie nicht haben und sich wünschen; nicht um Ihre Errungenschaften, sondern um das, was Sie noch nicht erreicht haben, und um das, dem Sie nachjagen.

Alles, was Sie tagsüber bewußt wahrnehmen und wovon Sie nachts träumen, die Ideale, die Sie haben, die Dinge, die Sie großartig finden, worum Sie sich bemühen und woran Sie hängen; dies sind die Maßstäbe für den Menschen."

Die Dinge, die wir sehen, sind nicht halb so wichtig wie jene Dinge, die wir nicht sehen können, wie Wille, Mut und Charaktertreue.

Ein „Nein" kann positiv sein

Einem Lehrling bot man an seinem ersten Arbeitstag an einer neuen Arbeitsstelle ein Bier an. Er antwortete: „Nein, danke." Diese ruhige Antwort reizte den Vorarbeiter, und er rief ärgerlich: „Bei uns gibt's keine Abstinenzler!"

„Solange ich hier arbeite, gibt es einen", erwiderte der Lehrling.

Das brachte den Vorarbeiter natürlich noch mehr in Wut, und er drohte: „Hör zu, Junge, du wirst das Bier nehmen, entweder innerlich oder äußerlich!"

„Tun Sie, was Sie nicht lassen können. Ich kam hierher mit einer sauberen Jacke und einem sauberen Charakter. Sie können meine Jacke schmutzig machen, aber nicht meinen Charakter."

Sich ein hohes Ziel zu stecken und an feste Regeln zu halten, kann einen von anderen unterscheiden. Macht das etwas aus?

In Oslo steht ein einzigartiges Denkmal. Die Inschrift besteht nur aus einem einzigen Wort: „Nei" — das einfach „Nein" bedeutet. Dieses eine Wort enthält die Lebensgeschichte *Lauritz Sands,* einen der größten norwegischen Helden des zweiten Weltkriegs. Weil man ihn verdächtigte, Kontakte zur Untergrundbewegung zu haben, sperrte man ihn ins Gefängnis, und nicht nur das. Er wurde verhört und gefoltert. Doch er beantwortete alle Fragen mit „Nei".

Lauritz Sand starb an den Folgen der Folter. Nichts konnte ihn dazu bringen, etwas zu verraten, was anderen die Freiheit oder das Leben kosten könnte.

Obwohl wir „Nein" gewöhnlich als negative Antwort betrachten, kann es eine positive Bedeutung haben. Für *Lauritz Sand* war „Nein" der Ausdruck seiner Überzeugung von Recht und Wahrheit, seiner Liebe zu seinem Land und seinem Volk, seiner Zuversicht und seinem Idealismus.

Eine positive Einstellung zum Leben zu haben beinhaltet nicht nur, alles zu bejahen, was aufbaut und aufrichtet, sondern es heißt auch zu allem, was zerstört und niederreißt, „Nein" zu sagen.

„Mut ist die Mutter des Erfolgs", sagte der britische Staatsmann *Disraeli.* Jeder, der ein Ziel vor Augen hat, muß den Mut aufbringen, eine Entscheidung zu treffen, einen festen Standpunkt einzunehmen und, falls nötig, ein Risiko einzugehen. Wer nicht wagt, der nicht gewinnt.

Ausdauer macht sich bezahlt |

Fleiß führt zur Macht, Faulheit macht zum Sklaven. Sprüche 12, 24, Die Gute Nachricht

Während der wirtschaftlichen Depression in den dreißiger Jahren suchte ein politischer Karikaturist verzweifelt nach einer Anstellung und bewarb sich bei einer der führenden Zeitungen. Die Antwort kam postwendend — er wurde nicht gebraucht. Anstatt entmutigt zu sein, faßte er die Absage als Herausforderung an seinen Einfallsreichtum auf. Er setzte sich sofort hin, zeichnete eine Karikatur und schickte sie an die Zeitung.

Das wiederholte er jede Woche. Nach zweiundfünfzig Wochen bzw. Karikaturen hatte er immer noch nichts von der Zeitung gehört, und er mußte zugeben, daß langsam auch seine Entschlossenheit ins Wanken geriet. Doch er wollte sich seine Niederlage noch nicht eingestehen.

Die folgende Karikatur zeigte ein hohes Gebäude ohne Fenster und Türen im Erdgeschoß. Ein Mann mit verzweifeltem Gesichtsausdruck rannte um den Block und rief: „Irgendwo muß doch ein Eingang sein!" Jetzt endlich sandte die Zeitung ein Telegramm: „Kommen Sie. Wir geben auf!"

Das Prinzip der Ausdauer ist so alt wie die Klugheit selbst. Im großartigsten Buch aller Zeiten erzählt der beste Lehrer eine ähnliche Geschichte. Der Arzt Lukas berichtet sie so: „Es war ein Richter in einer Stadt, der fürchtete sich nicht vor Gott und scheute sich vor keinem Menschen. Es war aber eine Witwe in derselben Stadt, die kam zu ihm und sprach: Schaffe mir Recht vor meinem Widersacher! Und er wollte lange nicht. Danach aber dachte er bei sich selbst: Ob ich mich schon vor Gott nicht fürchte noch vor keinem Menschen scheue, so will ich doch dieser Witwe, weil sie mir so viel Mühe macht, ihr Recht schaffen, auf daß sie nicht zuletzt komme und tue mir etwas an." (Lukas 18, 2−5.)

Jesus benutzte diese Veranschaulichung, um seine Nachfolger zu ermutigen, weiter zu beten und nicht aufzugeben. Selbst im alltäglichen Leben braucht man eine gewisse Ausdauer. Wieviel mehr wird sie benötigt, will man ein ausgefülltes, befriedigendes Leben führen und ein bestimmtes Ziel erreichen!

Ausdauer oder Begabung

Der Präsident einer europäischen Universität sprach vor Studienanfängern und gab ihnen folgenden Rat: „Es ist nicht leicht, heute jung zu sein; das war es noch nie. Es ist gefährlich, jungen Menschen Ratschläge zu geben. Ich möchte es trotzdem tun, und als erstes sage ich Ihnen: Haben Sie Selbstvertrauen, und bleiben Sie möglichst Ihrer eigenen Persönlichkeit treu. Denken Sie daran, daß die meisten Dinge im Leben von Ihnen selbst abhängen. Andere können Ihnen helfen, doch Sie allein sind der entscheidende Faktor in Ihrem Leben.

Ich möchte hervorheben, wie wichtig das Selbstvertrauen ist. Ich sage das, weil ich dem Gerede vom Selbstvertrauen und Mut junger Leute keinen Glauben schenken kann. Wenn man, so wie Sie heute, neues und unbekanntes Land betritt, ist es nur natürlich, unsicher zu sein. Man fragt sich: Kann ich die Hoffnungen und Erwartungen erfüllen, die in mich als einem erwachsenen Menschen gesetzt werden?

Gerade darin möchte ich Sie bestärken. Wenn ich mir diejenigen ansehe, die es geschafft haben, die hohe Stellungen einnehmen und sich in ihrem Erfolg sonnen, so muß ich feststellen, daß die meisten nicht superintelligent oder superbegabt zu sein scheinen. Diese erfolgreichen Leute besitzen jedoch Arbeitsausdauer und Arbeitseifer für die Aufgaben, die sie sich selbst gewählt haben."

Dies ist ermutigend für unser Leben. Begabungen und Talente sind nicht allein entscheidend, wenn es darum geht, Erfolg zu haben. Jeder durchschnittlich begabte Mensch, der hart arbeitet, wird weiter kommen als derjenige, der hochintelligent ist, doch seine Talente nicht voll ausnutzt. Sehr häufig vergeudet gerade solch ein Mensch seine Fähigkeiten aus purer Faulheit. Da ihm alles zufällt und er nicht gewohnt ist, sich anzustrengen, gibt er sich damit zufrieden, mit knapper Not über die Runden zu kommen.

Als ich zur Volksschule ging, sprach dort einmal ein alter Mann zu uns. Er beeindruckte mich tief, denn als er die Fabel von der Schnecke und dem Hasen erzählte, spielte er sie uns richtig dramatisch vor. Er ahmte die überhebliche Art des Hasen nach, der sich nach zwei großen Sprüngen verächtlich nach der langsam kriechenden Schnecke umsah, die ihn zu diesem Wettrennen herausgefordert hatte. Der alte Mann imitierte den Hasen, wie der sich herabließ zu warten, daß sein Gegner ihn einholte.

Dann wechselte der Mann die Rollen und stellte

die Schnecke dar. Er zog seinen Körper zusammen, dehnte ihn wieder und wiederholte das bedächtig, um zu zeigen, wie langsam die Schnecke vorwärtskam. Dann schlüpfte er wieder zurück in die Rolle des Hasen, der vor Langeweile gähnte und sich zu einem Nickerchen hinlegte.

Noch einmal schlüpfte er in die Haut der Schnecke, wie sie beständig Zentimeter um Zentimeter zurücklegte, über die Ziellinie kroch und zum Sieger gekrönt wurde, während der Hase immer noch schlief. Diese Darstellung des alten Mannes blieb mir im Gedächtnis haften. Inzwischen sah ich viele Menschen, junge und alte, auf die diese Fabel zutrifft. Begabte Menschen lassen sich phantastische Möglichkeiten entgehen, weil sie nicht die nötige Energie aufbringen. Dann sind sie überrascht, wenn sie von weniger begabten, doch hart arbeitenden Menschen überrundet werden.

Wann man fester „graben" muß

Ein Teenager besserte sein Taschengeld durch Rasenmähen auf. Der Vater staunte über die Methoden seines Sohnes. „Warum wartest du erst, bis die Leute angefangen haben, bevor du sie fragst, ob du es für sie tun sollst?" fragte er ihn.

„Ich habe gelernt, geduldig zu sein", war die Antwort. „Meistens warte ich, bis die Leute selbst schon einen guten Anfang gemacht haben. Wenn sie es halb geschafft haben, sind sie bereit, aufzugeben", fügte er hinzu.

Eine Aufgabe wird dann am härtesten, wenn der Erfolg am nächsten ist. Mancher erinnert sich vielleicht noch an die gewaltigen Diamantenfunde in

Kimberley vor etwa hundert Jahren. In der Hoffnung, schnell wohlhabend zu werden, kamen viele, um ihr Glück zu versuchen. Sie steckten ihr Gelände ab und fingen an zu graben. Manch einer, der früh kam, wurde mit einem Schlage steinreich. Anfangs ging das Graben leicht von der Hand, und die wertvollen Steine waren einfach zu entdecken. Doch nach einem oder zwei Jahren war die oberste Erdschicht durchsiebt, und die Schätze waren abgeräumt. Die Schicht darunter bestand aus einer harten blauen Tonschicht, die den eisernsten Bemühungen von starker Hand und Hacke widerstand. Wenige dachten auch nur daran zu versuchen, diese Decke zu durchstoßen.

Einer nach dem anderen verließ das Gelände und verkaufte es zu Spottpreisen an solche, die dumm genug waren, es zu nehmen. Schnell sprach sich herum, daß die Diamantenfelder ausgebeutet waren.

Barnett Barnato betrieb einen kleinen Laden in der Nähe der Diamantenfelder. Er war zu spät gekommen und konnte kein Feld mehr ergattern. Und als die Männer zusammenpackten und aus der Gegend fortzogen, ging auch sein Geschäft bankrott. Er beschloß, einige Stücke Land zu erwerben, das jetzt so billig angeboten wurde. Eines Tages, als er versuchte, durch den steinharten Ton hindurchzugraben, bemerkte er einen Mann, der ihn beobachtete. Jener Mann hielt sich aus gesundheitlichen Gründen im milden Klima Kimberleys auf. Der Fremde sah *Barnato* zwei, drei Tage bei der Arbeit zu. Dann kaufte auch er einige Felder und machte mit.

So wurden *Barnett Barnato* und *Cecil Rhodes* Besitzer der ertragreichsten Diamantenfelder der Welt. Sie schlossen sich zusammen und gründeten eine Gesellschaft, die heute noch existiert.

Überwundene Hindernisse

Ein Ingenieur ließ sich von dem Spruch leiten: „Jede Arbeit, die es wert ist, getan zu werden, ist es auch wert, daß man sie gut ausführt." Dieser Mann besuchte einmal eine Heilanstalt für Nervenkranke und traf dort auf einen Patienten, der an einem Stück Holz sägte. Nachdem er einige Minuten zugesehen hatte, wunderte er sich, daß der Kranke mit seiner Arbeit nicht weiterkam. Er trat näher und entdeckte verblüfft, daß jener die Säge mit den Zähnen nach oben verwendete.

Auf seine Frage, warum er das so mache, erwiderte der Patient grinsend: „Ich hab's auch andersherum versucht, aber es ist viel einfacher zu sägen, wenn die Zähne nach oben stehen."

Ein Fluß sucht sich auf seinem Weg zum Ozean immer den Weg des geringsten Widerstandes. Die Folge sind zahllose Biegungen und Kurven, die den Flußlauf wesentlich verlängern.

Genauso wird der Weg für solche viel länger dauern, die alle Lebensaufgaben immer auf die leichteste Art lösen. Jeder, der sich von ganzem Herzen bemüht, wird jedoch Möglichkeiten finden, auch die größten Schwierigkeiten zu überwinden.

Diese Entschlossenheit kann man vom Leben der Dänin *Lis Hartel* ablesen. Vor einigen Jahren gewann sie in einem der Reitwettbewerbe bei den Olympischen Spielen die Silbermedaille. Sieben Jahre zuvor litt sie an Kinderlähmung (Polio). *Lis Hartel* mußte viele Operationen über sich ergehen lassen und lange Zeit im Krankenhaus verbringen. Da sie nicht laufen konnte, trug ihr Mann sie überall hin. Obwohl sie unter ihrer Hilflosigkeit litt, verlor sie nie den Mut. Sie

Jahreslied 1989:

*Wachet auf, ruft uns die Stimme
der Wächter sehr hoch auf der Zinne,
wach auf, du Stadt Jerusalem!
Mitternacht heißt diese Stunde,
sie rufen uns mit hellem Munde:
Wo seid ihr klugen Jungfrauen?
Wohlauf, der Bräutgam kommt,
steht auf, die Lampen nehmt!
Halleluja! Macht euch bereit
zu der Hochzeit;
ihr müsset ihm entgegengehn.*

*Mit herzlichen Segenswünschen
zum Gang durch das neue Jahr überreicht
von der Gemeinschaft
der Siebenten-Tags-Adventisten*

„Laßt
uns
wachen
und
nüchtern
sein."

1. Thessalonicher 5,
Vers 6

arbeitete eifrig mit den Ärzten zusammen. Mit jedem Schritt nach vorn gewann sie an Stärke, und bei jedem Erfolg steckte sie ihre Zieler höher.

Bald tauschte sie den Rollstuhl gegen Krücken ein, dann die Krücken gegen Gehstöcke. Ihr Interesse am Pferdesport erwachte neu. Gegen den Widerstand ihrer Familie beschloß sie, wieder selbst zu reiten. Das erste Mal mußte sie zu ihrem Pferd getragen und hinaufgehoben werden, aber sie saß fest im Sattel. Sie trainierte ausdauernd mit dem Ziel, sogar besser zu reiten als vor ihrer Krankheit.

Sie wurde als einzige Frau in dieser Reitsportart zu den Olympischen Spielen gemeldet, und im Wettkampf mit den besten Reitern der Welt gewann sie die Silbermedaille. „Das ist eine gewaltige Ermutigung für alle Behinderten", meinte ihr Arzt. „Es war nicht das Reiten allein, das sie so stark machte, sondern ihre Entschlossenheit, die Krankheit zu besiegen. Sie nutzte alle Mittel und Möglichkeiten, um zum Ziel zu gelangen. Zum Ansporn für alle bewies sie ihr persönliches Leitmotiv: Man kann alles erreichen, man muß nur daran glauben!"

Ein Freund sagte einmal zu mir: „Sei vorsichtig mit dem, was du willst, höchstwahrscheinlich wirst du es bekommen!" Auch wenn das etwas übertrieben klingt — ein Körnchen Wahrheit steckt darin. Wenn man etwas unbedingt haben will, wird man nichts unversucht lassen, um es zu erreichen. Und dann läßt man sich kaum von Hindernissen aufhalten. Ein europäisches Staatoberhaupt brüstete sich einst vor *Lord Palmerston* mit den Worten: „Unsere Soldaten sind die mutigsten der Welt." Darauf *Lord Palmerston*: „Unsere sind nicht die mutigsten, aber sie sind ein bißchen länger mutig."

Der Weg nach oben | 3

*Ich würde jeden Weg gehen — vorausgesetzt
es geht vorwärts.* David Livingstone

Die Bauern am Bärenfluß in den USA züchteten die besten Kirschen weit und breit. Sie hatten einen seltsamen Brauch: Während der Erntezeit vermieteten sie die Bäume stunden- oder tageweise zu einem bestimmten Preis. Sobald der Kunde zahlte, gehörte der Baum ihm, und er durfte in der vorgegebenen Zeit so viele Kirschen ernten, wie er konnte. Wenn die Zeit abgelaufen war, wurde der Baum an den nächsten weitervermietet. Bei diesem Verfahren bekam am meisten für sein Geld, wer am schnellsten arbeiten konnte.

Einer übertraf dabei alle anderen. Immer war sein Ertrag größer als der jedes anderen. Er wurde gefragt, wie er das mache. „Das ist ganz einfach", entgegnete er lachend; „ich lasse stets die unteren Äste in Frieden."

Weil man an die unteren Äste mühelos herankam, begannen alle dort zu pflücken. Viele schenkten der Kirschenpracht an den oberen Ästen keinerlei Beachtung, die doch förmlich darauf wartete, geerntet zu werden.

Im Leben zahlt es sich genauso wenig aus, nach Dingen zu streben, die einfach zu bewältigen sind. Natürlich erfordert es mehr Arbeit und Entschlossenheit, höher hinaus zu wollen. Man benötigt gewöhnlich mehr Mut und Einsatzbereitschaft, eine Idee in die

Tat umzusetzen. Wer schwierige Aufgaben anpackt, wird es nicht leicht haben; aber er wird erfolgreich sein.

Ein Durchschnittsmensch argumentiert wie der Fuchs in der Fabel, der meinte, alle Trauben außerhalb seiner Reichweite wären sowieso sauer! Die Tatsache, daß eine Arbeit schwer ist und große Anstrengungen nötig sind, bevor sie Früchte trägt, wird die Erfolgreichen noch mehr anspornen. Hier ist ein guter Ratschlag:

„Hindernde Umstände sollten uns bestärken, sie erst recht zu meistern. Eine überwundene Barriere eröffnet neue Fähigkeiten und gibt Mut, weiter zu machen. Bahne dir einen Weg in die richtigen Geleise und wandle dich grundlegend, nachdem du darüber nachgedacht hast. Dann werden die Umstände Hilfe und keine Hindernisse darstellen. Wage einen Anfang. Die Eiche steckt in der Eichel!" (Ellen G. White.)

Sind wir schon einmal über den Gedanken gestolpert, daß die Eiche in der Eichel steckt? Denken wir einmal darüber nach. Vor mehr als hundert Jahren verwendete *Lyman Abbott* die Eichel, um aufzuzeigen, daß die Möglichkeit zu Wachstum in jedem von uns ruht: „Ich pflücke eine Eichel und halte sie ans Ohr; sie hat mir viel zu sagen: ‚Nach und nach werden Vögel kommen, um in meinen Ästen zu nisten. Nach und nach werde ich den Tieren Schatten spenden. Nach und nach werde ich für Wärme in einem Heim sorgen. Nach und nach werde ich jene beschirmen, die unter meinem Dach Schutz suchen. Nach und nach werde ich die starken Rippen des Dampfers sein, und der Sturm wird erfolglos gegen mich ankämpfen, während ich die Menschen über die Meere trage.'

‚Ach, du dumme, kleine Eichel, willst du das alles sein?' Und die Eichel antwortet: ‚Ja, Gott und ich!'"

Warum sie mehr verdiente

Vor einiger Zeit wollten meine Frau und ich eine Lampe in einem großen Kaufhaus kaufen. Die Verkäuferin wirkte sehr nett. Sie war flott gekleidet, trug eine modische Frisur und hatte gepflegte Fingernägel. Ihr Lächeln war natürlich, und sie benahm sich ausnehmend höflich.

An jenem Tag war das Geschäft länger als üblich geöffnet, und die Angestellten wechselten sich ab. Während die Verkäuferin behilflich war, sah sie plötzlich auf ihre Uhr — ihre Arbeitszeit war zu Ende. Sofort stellte sie die Lampe zurück und rief nach einer anderen Verkäuferin, die uns weiter bediente. Obwohl sie mitten beim Verkauf gewesen war, verschwand sie schnell mit einigen Freunden. Sie hatte offensichtlich keine Lust, mehr zu tun als nur das Notwendige.

Wenn diejenigen die so handeln, denken, daß es ja doch keiner merkt, täuschen sie sich sehr. Jeder Chef, der seine Sache ernst nimmt, wird es bemerken und sich daran erinnern, wie seine Angestellten ihre Aufgaben erfüllen.

In einer Großstadt stellte eine bedeutende Firma zwei Schwestern als Sekretärinnen ein. Sie waren nur ein Jahr auseinander, und so besuchten sie dieselbe Berufsschule. Beide erhielten ein gutes Zeugnis. Die Eltern besaßen eine Wäscherei in einer nahe gelegenen Kleinstadt. Sie hatten sich abgerackert und sich keinen Urlaub gegönnt, um den Mädchen eine gute Ausbildung zu ermöglichen.

Anfangs erhielten die beiden das gleiche Gehalt. Dann bekam Edith, die Jüngere, mehr. Nach ihrer zweiten Gehaltserhöhung verdiente Ellen, die Ältere, immer noch nicht mehr. Der Vater wollte herausfinden, warum sie so ungleich behandelt wurden, und machte sich auf den Weg zur Firma. Dort sprach er mit dem Geschäftsführer, Herrn Rogers. Er fragte ihn nach den Gründen für die unterschiedliche Bezahlung.

„Ich werde es Ihnen zeigen", meinte jener und drückte auf eine Taste der Sprechanlage. Ellen trat ein.

„Bitte setzen Sie für morgen früh eine Betriebsversammlung für alle leitenden Angestellten unserer Abteilung an. Sie soll im Vorstandszimmer stattfinden. Melden Sie sich bei mir, wenn sie damit fertig sind", trug er ihr auf.

Nach einer Viertelstunde kam Ellen zurück: „Es tut mir leid, Herr Rogers, aber morgen früh ist eine andere Sitzung im Vorstandsraum; da war nichts zu machen."

„Danke, das ist alles", erwiderte er und drückte eine andere Taste. Dieses Mal erschien Edith.

„Guten Morgen, Herr Rogers. Was kann ich für Sie tun?"

Er gab ihr den gleichen Auftrag.

Nach einer halben Stunde war sie zurück: „Herr Rogers, das Treffen ist für morgen früh 9.30 Uhr im Vorstandszimmer angesetzt. Ich habe alle Abteilungsleiter informiert, und sie versprachen teilzunehmen. Möchten Sie, daß ich die Tagesordnung mit Durchschlägen tippe? Ich könnte auch für jeden der Herren einen Ordner vorbereiten mit einigen Erläuterungen, wie wir künftig unsere Geschäfte abwickeln wollen, wenn Sie es wünschen."

„Danke, Edith. Das wäre mir recht. Und hier habe ich noch eine ungefähre Tagesordnung. Bevor Sie gehen: War da nicht eine andere Sitzung zum gleichen Zeitpunkt angesetzt?"

„Ja, doch, es war eine im Buch aufgeführt. Ich überprüfte das, und es stellte sich heraus, daß sie abgesagt worden war, und keiner hatte daran gedacht, sie im Buch auszustreichen."

„Vielen Dank für Ihre Hilfe, Edith."

Als sie ging, wendete sich Herr Rogers dem Vater zu, doch er brauchte nichts zu erklären.

„Danke schön. Ich verstehe jetzt alles."

Jeder Personalleiter kann ein Lied davon singen, wie viele Angestellte versuchen, so wenig wie möglich zu tun. Sie führen aus, was ihnen aufgetragen wird, aber keinen Strich mehr. Jede Firma, der daran liegt, wird Leute finden, die Interesse an ihrer Arbeit haben und Ideen und neue Methoden entwickeln, um bessere Ergebnisse zu erzielen. Solch eine Firma schätzt Angestellte, die Eigeninitiative entwickeln, und sie wird darauf achten, daß diese entsprechend bezahlt werden.

Der erste Schritt nach oben

Nach jedem Höhepunkt tun sich bekanntlich noch höhere Gipfel auf. Nicht jeder versucht, stets höher zu steigen. Manche machen es sich bequem und lassen sich an einer Stelle nieder. In jedem wachsenden Unternehmen ist der Weg unablässig nach vorn und nach oben gerichtet. Nimmt man die Dinge einfach so hin, wie sie kommen, ohne zu versuchen etwas daran zu ändern, bedeutet das Stillstand.

Seinen Fähigkeiten einen gewissen Respekt zu zollen ist nicht falsch. Viele von uns haben schon einmal gedacht, sie könnten eine Schlüsselposition sehr viel besser ausfüllen als derjenige, der sie innehat. Wenn man nur zuhört, wie einfach wir die Probleme des Bürgermeisters, der Minister oder des Staatsoberhauptes lösen könnten! Und wenn wir jemanden treffen, der mit wichtigen Dingen umzugehen versteht, kann es sein, daß wir mit beträchtlichen Minderwertigkeitskomplexen auf unsere eigene niedrige Stellung im Leben schauen.

Diese Einstellung zu unserer Arbeit kann uns leicht die Energie rauben und uns daran hindern, unser Bestes zu geben. Selbst intelligente und fähige Menschen, die sich dessen bewußt sind, können sich ihre Aussichten auf eine gehobenere Stellung verbauen, weil sie ihre Talente nicht für die gegenwärtige, mindere Arbeit verschwenden wollen. „Zwischen der großen Sache, die wir nicht tun können, und der Kleinigkeit, die wir nicht tun wollen, lauert die Gefahr, daß wir gar nichts tun."

Viele Menschen meinen, es gäbe einen riesigen Unterschied zwischen Fähigkeit und Begabung, zwischen dem, der es gerade so schafft, und dem, der alles spielend erreicht. Das trifft jedoch nicht immer zu. Oft genügt es, nur ein klein wenig besser zu sein als andere, um aufzufallen. Frauen und Männer sind nicht dadurch erfolgreich, daß sie doppelt so klug oder doppelt so fähig sind als andere. Fügt man nur ein bißchen zu dem hinzu, was man hat oder ist, kann das schon den ersten Platz einbringen.

Der Geschäftsführer einer Baufirma wurde einmal gefragt: „Ich hörte, Sie haben mal als Maurer angefangen. Was war ihr erster Schritt nach oben?" Die knappe Antwort lautete: „Der erste Schritt war, daß ich ein guter Maurer wurde!"

Diese Aussage enthält eine grundlegende Wahrheit: Wir müssen da anfangen, wo wir gerade sind und das Beste daraus machen. Kennen Sie die Legende von der kleinen gelben Blume in einem indischen Garten? Sie blüht nur zu einer bestimmten Jahreszeit und verwelkt gleich wieder.

Eines Tages besuchte ein Gast den Garten und hörte von allen Seiten Klagen. Der Mangobaum wollte lieber eine Kokospalme sein. Warum? Weil der ganze Baum – die Früchte, die Blätter, die Äste und der Stamm – nützlich waren, während vom Mangobaum nur die Früchte verwendet werden konnten.

Und die Kokospalme wiederum beneidete den Mangobaum, weil seine Früchte aus Indien exportiert werden konnten und so Devisen ins Land brachten. Jede Pflanze blickte neidvoll auf eine andere; jede dachte, die andere würde mehr zum Allgemeinwohl beitragen als sie selbst.

Dann – so heißt es in der Geschichte weiter – bemerkte der Besucher eine kleine gelbe Blume, die in der Ecke fröhlich vor sich hin blühte. Er beugte sich hinunter und wollte wissen, warum sie sich nicht beklagte.

Die Blume antwortete: „Ich habe oft die Kokospalme betrachtet und mißgönnte ihr ihre Wedel. Oft habe ich mir gewünscht, so wunderschöne, köstliche Früchte wie der Mangobaum zu tragen. Dann dachte ich, wenn Gott gewollt hätte, daß ich eine Kokospalme oder ein Mangobaum wäre, so hätte er mich als solche geschaffen. Doch scheinbar wollte er, daß ich eine kleine gelbe Blume wäre, also will ich die beste kleine gelbe Blume sein, die es gibt."

Von bescheidenen Dingen lernen

Wenn wir die Einstellung dieser kleinen Blume haben, so werden wir lernen wollen — aus Erfahrung, von Büchern und von anderen Menschen. Es sind nur die Faulen oder die Eingebildeten, die denken, sie könnten alles. Manchmal können wir etwas von Menschen lernen, von denen wir es am wenigsten erwartet hätten.

Einmal blieb ein Lastwagen unter einer niedrigen Brücke stecken. Der ganze Verkehr wurde lahmgelegt, als der Fahrer versuchte, entweder durch Rückwärtsfahren wieder loszukommen oder sich irgendwie durchzuquetschen. Die Polizei und eine ganze Anzahl erfahrener Leute waren in voller Aktion, um das Problem zu lösen. Doch je mehr sie sich bemühten, desto fester klemmte der Wagen. Endlich kamen sie zu der Überzeugung, die einzige Lösung wäre, das Oberteil des Fahrzeugs abzuschweißen. Sofort suchte man die notwendigen Werkzeuge zusammen.

Ein kleiner Junge hatte dem Treiben von Anfang an zugesehen und wollte den Männern etwas sagen. Die aber stießen ihn einfach zur Seite und schickten ihn sogar nach Hause, denn er stand ihnen im Weg. Der Junge unternahm noch einen letzten Versuch und rief laut: „He, warum laßt Ihr nicht Luft aus den Reifen?"

Die Männer blieben stehen, schauten zum Dach des Lastwagens und dann hinunter zu den riesigen Reifen. Das könnte die Lösung sein! Und sie war es. Nach einigen Minuten war der Lastwagen „befreit", und der Verkehr konnte wieder rollen. Und wer löste das Problem? Nicht all die klugen, erfahrenen Männer, sondern ein kleiner Junge, der ein bißchen anders dachte als sie.

Es gibt noch eine ähnliche Geschichte, wo ein Neuling die schwierige Situation erfaßt und löst. Der norwegische Dampfer „Tommeliten" transportierte Heringe von Norwegen nach Deutschland, als plötzlich ein Sturm ausbrach, der einige Tage andauerte. Der Kapitän fürchtete, sie hätten nicht genug Treibstoff, und war völlig ratlos. Ein junger Matrose schlug eine einzigartige Lösung vor: „Warum mischen wir nicht den Rest des Kohlenvorrats mit Heringen und benützen das als Treibstoff?" Gesagt, getan! Es klappte! Und dank dieser Idee des unerfahrenen Matrosen erreichte das Schiff sicher den Hafen.

Das Sofa tötet

Heutzutage ist es nicht überall angebracht, einen höheren Ertrag und mehr Leistung zu erwähnen. Manchmal gerät derjenige, der etwas Neues und Zeitsparendes anregt, in Bedrängnis. Für solche dürfte es eigentlich leicht sein, einen anderen Arbeitsplatz zu finden, wo sie ihre Begabungen voll ausnutzen können.

Manche führen gegen mehr Anstrengungen gesundheitliche Argumente an. Man hat so schon genug zu tun im Leben, meinen sie. Ihre Lebensphilosophie besteht darin, an alle Dinge so unbeschwert wie möglich heranzugehen und keine Gelegenheit zu verpassen, um auszuspannen. Da ist es direkt anregend, den Standpunkt Dr. *Ole Bracks*, eines norwegischen Mediziners, kennenzulernen: „Das Sofa hat mehr Leben gekostet als alle Sportplätze, Verwaltungssorgen und Ausschußsitzungen zusammen."

In einem Beitrag in der Zeitung „Aftenposten" hieß

es: „Der Möglichkeiten, das Leben leicht zu nehmen, sind viele, sehr viele sogar. Schlagen Sie diesen Weg ein, begeben Sie sich damit in die Gefahr, letztlich in der Arztpraxis zu landen mit Kopfschmerzen, Rückenschmerzen, Neurosen oder ähnlichen Problemen. Der Organismus wird stark beansprucht, wenn man keine befriedigende Beschäftigung im Leben hat. Nutzt man seine Begabungen und Fähigkeiten nicht aus, sind Minderwertigkeitskomplexe und innere Zwiespältigkeit die Folge. Wer das Leben voll auskostet und mehr gibt, als von ihm erwartet wird, fühlt sich als Teil des Ganzen. Dadurch wird man innerlich ausgeglichener und zufriedener im Leben. Natürlich wird man auch von Zeit zu Zeit erschöpft sein, doch sich zu entspannen ist dann kein Problem. Es bleibt einfach keine Zeit, sich den Kopf um Dinge zu zerbrechen wie: Atme ich richtig? Habe ich die korrekte Lauf- oder Schlafhaltung? Selbst wenn man etwas falsch macht, wird man sich nicht unnötig damit belasten und zum Fachmann rennen, um es sich bestätigen zu lassen."

In einem Brief, den ein kleiner Junge seinem Vater an die Front schrieb, steht ein Satz, der eine große Portion Weisheit enthält: „Ich hoffe, daß du dein ganzes Leben leben wirst!"

Lebe dein ganzes Leben! Das kann man nur tun, wenn man nach höheren Zielen strebt und gleichzeitig die gegenwärtigen Möglichkeiten voll ausnutzt.

„Ich frage mich, warum nicht irgend jemand etwas unternahm — bis ich merkte, daß ich irgend jemand war."

Gustav Rask war vom Hof seiner Eltern in der Nähe von Skattlosberg in Schweden verschwunden. Trotz einer gründlichen Suchaktion wurde keine Spur von ihm entdeckt. Jahr um Jahr verging, kein Brief oder irgendein anderes Lebenszeichen erreichte die Eltern. 26 Jahre waren verflossen, sie waren inzwischen 76 Jahre alt geworden und hatten langsam die Hoffnung aufgegeben, ihren Sohn jemals wiederzusehen.

Eines Tages erhielt ein Journalist in Stockholm die Information, daß ein Mann namens *Gustav Rasck* in einer Pension der Stadt lebe. Obgleich sein Name sich etwas von dem des Gesuchten unterschied, dachte der Reporter, hier wäre zumindest die Chance, daß er es sein könnte. Bis der Journalist die Adresse herausgefunden hatte, war es schon nach 22 Uhr, und man ließ ihn nicht mehr ins Haus. Aber er bekam auf alle Fälle heraus, daß jener Mann am 6. Juni 1901 geboren wurde und sein vollständiger Name *Gustav Einar Rasck* lautete.

Zu dieser späten Stunde konnte der Reporter das Einwohnermeldeamt des Dorfes nicht mehr erreichen. Es gab also keine direkte Möglichkeit, das Geburtsdatum und den genauen Namen zu überprüfen.

An diesem Punkt würden die meisten aufgegeben

haben. Nach all der Mühe hätte sich ja herausstellen können, daß sich doch bloß die Namen ähnelten. Der Journalist war aber von anderem Schlage. Er wollte unbedingt die Tatsachen wissen, bevor ihm ein anderer zuvorkam. So machte er sich sofort auf die Reise zu den Eltern. Um ein Uhr nachts traf er ein und weckte das schlafende Ehepaar. Ihre Freude und Aufregung war groß, denn das Geburtsdatum und der Name stimmten überein. Bald danach war die Familie wieder glücklich vereint.

Weil sich der Reporter über das Übliche hinaus anstrengte, hatte er diesen außerordentlichen Erfolg. Zum einen herrschte auf dem Hof unbeschreibliche Freude, zum anderen erschien am nächsten Tag diese ergreifende Geschichte auf der Titelseite der größten schwedischen Zeitung. Erst am darauffolgenden Tag konnten die übrigen Zeitungen über diesen Fall berichten.

Die Leistung des Journalisten erinnert mich an einen Läufer, der stets auf der 200-m-Strecke siegte. Als er nach seiner Methode gefragt wurde, erwiderte er: „Das ist einfach. Die ersten 180 Meter laufe ich so schnell ich kann. Bei den letzten 20 Metern laufe ich noch ein bißchen schneller."

Diese Extra-Anstrengung bewirkt, daß sich jemand aus der Menge heraushebt. Ein Großteil der Menschen begnügt sich bequem mit einem mittelmäßigen Kraftaufwand bei der Lösung ihrer Aufgaben. Nur wer sich ein wenig mehr anstrengt und etwas tüchtiger ist, wird den Erfolg sehen.

In jedem Beruf, jedem Büro, jeder Firma und jeder sonstigen Einrichtung gibt es Dinge, die getan werden müssen, für die jedoch keiner besonders eingestellt worden ist. Die meisten übersehen diese Gelegenheiten und kümmern sich nur um ihre Arbeit. Das sind die Durchschnittsmenschen.

Zwei Arten von Menschen werden nie auf einen grünen Zweig kommen. Die einen sind solche, die nicht tun können, was von ihnen erwartet wird. Und die anderen sind Menschen, die *nur* tun, was von ihnen verlangt wird.

Anders verhalten sich die geistig selbständigen Menschen. Sie erfüllen, was von ihnen erwartet wird. Dann gehen sie einen Schritt weiter. Sie sehen die vielen Dinge, die noch erledigt werden müssen, und betrachten sie nicht allein als Herausforderungen, sondern auch als Gelegenheiten, praktisch zu lernen. Solange es nicht die Arbeit beeinträchtigt, für die sie eingestellt sind, werden sie jede Aufgabe erledigen, soweit es in ihren Kräften steht.

Von zwei Menschen, die die gleiche Intelligenz und die gleichen Fähigkeiten besitzen, wird jener erfolgreich sein, der von selbst einen Anfang macht. Wer eine Aufgabe mit Freude und Begeisterung beginnt, hat oft mehr Gewinn als ein begabter Mensch, dem der innere Antrieb fehlt.

Nach einer Überflutung mühte sich ein Mann ab, einen großen Berg Sand und Dreck zur Seite zu schaffen. Eine Schubkarre und eine Schaufel waren seine einzigen Werkzeuge; und der Mann selbst war keineswegs kräftig und auch nicht mehr der Jüngste. Sein Nachbar beobachtete ihn durchs Fenster. Schließlich wollte er wissen: „Merken Sie denn nicht, daß Sie sich übernehmen?"

„Doch", antwortete der Mann und arbeitete weiter.

„Warum geben Sie sich dann überhaupt damit ab? Sie wissen, daß Sie es nie schaffen werden!"

„Ich sagte gerade, daß es zuviel für mich ist", kam

die Antwort, „aber das zuzugeben, ohne es auch nur versucht zu haben, würde meine Selbstachtung zerstören. Ich rackere mich lieber mit einer unangenehmen Arbeit ab, als sie ständig vor mir herzuschieben!"

Mit diesen Worten wandte er sich wieder seiner kaum zu bewältigenden Aufgabe zu. Er ließ nicht locker, bis er sie endlich geschafft hatte.

Es kann schwierig sein, eine Aufgabe zu vollenden; manchmal ist es jedoch mühsamer, einen Anfang zu wagen.

Neue Ideen

Neue Ideen sind nicht immer schlecht. Sie sind auch nicht immer gut. In den häufigsten Fällen lohnt es sich, mehr darüber zu ermitteln, bevor man sich ein abschließendes Urteil bildet.

Ich muß da einfach den alten Bauern bewundern, dem nach langer Zeit bewußt wurde, daß er noch etwas dazulernen konnte und es auch anpackte. Das geschah folgendermaßen: Er war einer der besten Bauern in der Gegend. Auf Märkten erhielt er für seine Tiere und Erzeugnisse stets erste Preise. Alle benachbarten Bauern holten sich bei ihm Rat, wenn sie Schwierigkeiten mit dem Getreide oder dem Vieh hatten. Was er sagte, wog mehr als jeder Zeitungsartikel der sogenannten Fachleute.

Sie können sich vielleicht vorstellen, welch ein Schock es für ihn war, als sein Sohn zur Universität gehen wollte, um Agrarwissenschaft zu studieren. „Aus den schlauen Büchern lernst du ja doch nichts über Landwirtschaft!" spottete er.

Nachdem der Sohn sein Studium beendet hatte,

kehrte er auf den Hof zurück. Sein Vater teilte eins seiner Felder in zwei gleichgroße Teile und wies die eine Hälfte dem Sohn zu: „Jeder von uns wird seine Hälfte bestellen. Und ich werde dir beweisen, wie wenig die Lehrbücher tatsächlich taugen!"

Schon während das Korn wuchs, fiel dem Vater ein Unterschied ins Auge. Und als die Ernte dann eingebracht wurde, hatte der Bauer zwar so viel wie sonst auch, aber der Ertrag des Sohnes war erheblich höher.

Beim Abendbrot an jenem Abend war er ungewöhnlich schweigsam. Und als er am nächsten Morgen zum Frühstück herunterkam, hatte er seinen Sonntagsanzug an und trug eine Aktentasche in der Hand.

„Vater, was ist mir dir los?" fragte seine Frau erschreckt. „Wohin gehst du?"

Ihre Besorgnis belustigte ihn, und er antwortete amüsiert: „Ich gehe zur Landwirtschaftsschule. Unser Junge kann so lange auf dem Hof nach dem Rechten sehen. Ich denke, die Leute dort an der Universität können mir vielleicht doch etwas Nützliches beibringen!"

Das einzugestehen fiel ihm, dem erfahrenen und erfolgreichen Bauern, gewiß nicht leicht. Doch letztlich war er weder zu stolz, zuzugeben, daß er Unrecht hatte, noch zu stolz, neue Methoden zu erlernen.

Der eigenen Überzeugung folgen

Dr. *Solomon Asch*, Professor an einem College, leitete einige Versuche, die zeigen sollten, inwieweit junge Leute ihrer eigenen Überzeugung folgten, wenn andere um sie herum entgegengesetzter Meinung waren. Dazu ließ er eine Serie von Karten anfertigen, und auf jeder war ein horizontaler Strich gezeichnet. Danach ließ er eine weitere Reihe von Karten machen, auf denen drei Striche zu sehen waren, von denen nur einer genauso lang war wie der auf der dazugehörigen ersten Karte. Jeder konnte mit Leichtigkeit erkennen, welche Linien gleich lang waren.

Für den Versuch suchte Dr. *Asch* acht Studenten aus und forderte sie auf, auf Verlangen eine falsche Linie auszuwählen. Dann bat er einen neunten Studenten hinzu, der nichts von dieser Übereinkunft wußte. Dadurch wurde er zu einer Minderheit gegen eine Mehrheit von acht Leuten.

Das Ergebnis war erstaunlich: Drei Viertel der auf diese Weise ertesteten Studenten schlossen sich den falschen Antworten der anderen Teilnehmer an. Jeder von ihnen begründete sein Verhalten damit, daß er nicht anders sein wolle als die Gruppe.

Das Experiment des französischen Zoologen *Jean Henri Fabre* illustriert ebenso diese Verhaltensweise des Menschen: Eine bestimmte Raupenart wandert nur in Gruppen von Ort zu Ort. Eine führt, die anderen folgen schön der Reihe nach. Einmal wurde *Fabre* auf einen solchen Zug in der Nähe eines Blumentopfes im Garten aufmerksam. Er sammelte einige Raupen und ordnete sie kreisförmig um den Topf an und beobachtete, was nun geschehen würde.

Die Raupen krochen beständig um den Topf, jede folgte der vorhergehenden. *Fabre* wartete eine Woche: Sie drehten sich immer noch im Kreis. Inzwischen mußten sie ungefähr einen Kilometer zurückgelegt haben. Aus Mitleid brach er den Versuch ab und ließ sie frei.

Nur zu häufig sind auch wir in einer bestimmten Routine festgefahren, ohne uns bewußt zu sein, warum wir so handeln, und ohne bessere Methoden zu ersinnen. Es kann sogar sein, daß wir unzufrieden sind und uns über das Schicksal und unsere Arbeit beklagen. Wenn wir dabei stehenbleiben, sollten wir uns das chinesische Sprichwort vor Augen halten: „Es ist besser, eine Kerze anzuzünden, als die Dunkelheit zu verfluchen."

Ein Forscher verbrachte einige Jahre in Afrika und studierte die Gewohnheiten der Affen. Er berichtete, daß sie an kalten Abenden ihre Hände am Lagerfeuer wärmten. Niemals aber legte ein Affe weitere Äste auf, damit das Feuer länger brannte oder mehr Hitze abgab. Sie nahmen die Situation, wie sie gerade war; nie kamen sie auf die Idee, diese Situation zu verbessern. Sie waren gewitzt genug, einen scharfen Stein zu benutzen, aber sie versuchten nie, ihn zu schärfen. Obwohl sie Korn fraßen, säten sie nie. Affen können in gewissem Rahmen denken, doch sie besitzen keine Phantasie.

Ich traf einmal einen Photographen, der seinen Unterhalt damit verdiente, berühmte Plätze aufzunehmen und davon Ansichtskarten zu machen und zu verkaufen. Er vertraute mir an, daß er bald arbeitslos würde, denn seiner Meinung nach zahlt es sich nicht aus, herumzureisen und alles nochmal zu photographieren: „Bald werde ich alle Sehenswürdigkeiten auf Film haben!" stöhnte er.

Seit dieser Begegnung sind viele Jahre vergangen. Zehntausende von neuen Bildern wurden gemacht und als Ansichtskarten verkauft. Manche Photographen entdeckten neue Szenen und Objekte, manche nahmen dieselben Orte auf, nur aus einem anderen

Blickwinkel, in Farbe oder versahen sie mit anderen Texten. Über tausend neue Ideen entstanden, weil da Leute waren, die sich nicht mit den Dingen zufriedengaben, wie sie waren, sondern Neues erfanden.

Einer unserer Lehrer am Gymnasium erzählte uns, daß die Haarnadeln früher immer gerade gewesen waren. Dann beschloß einer sie zu verbessern und bog Kurven hinein. Die Damen fanden das sehr viel nützlicher; und so machte diese einfache Erfindung den Mann zum Millionär.

Einander helfen

„Niemand ist eine Insel." Und kein erfolgreicher Mensch schaffte es je ganz aus eigener Kraft. Irgendwo, irgendwann, irgendwie erschienen andere und spielten eine aktive Rolle. Unser aller Leben ist so eng miteinander verbunden, daß keiner allein siegreich sein kann. Praktisch haben wir alle unsere Fähigkeiten von anderen gelernt. Alles, was wir tun, ist in dem begründet, was andere vor uns geleistet haben. Jeder ist in der Lage etwas hinzuzufügen, was nur er allein tun kann.

Im Juli 1968 erschien in Londons „Financial Times" eine seitengroße Anzeige. Auf einzigartige Weise verkündeten die große, mächtige Barclay Bank und die sehr viel kleinere unbekannte Martins Bank ihren Zusammenschluß. Hinter dem köstlichen Humor verbirgt sich der wichtige Gedanke, wie wir von anderen, kleineren oder größeren, lernen können:

„Ein Adler kam auf seinem Spaziergang an einen malerischen Fluß. Daneben saß ein plumper Grashüpfer, der vor sich hin zirpte.

‚Toller Tag heute‘, sagte der Grashüpfer und verschwand rasch hinter einem Stein.

‚Ja, wirklich‘, antwortete der Adler.

‚Ein wunderschönes Fleckchen Erde hier‘, meinte der Grashüpfer.

‚Ich muß zugeben, ich kenne die Gegend nicht besonders gut‘, antwortete der Adler, ‚nicht halb so gut wie du. Ganz schön schlau, die Grashüpfer. Hören das Gras wachsen, was?‘

‚Oh, ja‘, sagte der Grashüpfer und spitzte vorsichtig hinter seinem Stein hervor. ‚Vielleicht sollten wir uns zusammentun — zu so'ner Art Vereinigung. Ich, wo ich den Platz hier wie meine Westentasche kenne, und du mit deinen schönen Federn . . .‘

‚Darüber ließe sich reden‘, meinte der Adler und kam näher.

‚Aber nicht irgendeine Art von Vereinigung‘, antgegnete der Grashüpfer. ‚Ich habe jeden Morgen gesehen, wie sich Würmer und Stare zum Frühstück vereinigen!‘

‚Quatsch‘, sagte der Adler, ‚denkst du, ich bin blöd? Was hätte ich davon, wenn ich dich runterschlucken würde?‘

‚Na ja‘, klang der Grashüpfer etwas gekränkt —, ‚ich behaupte, daß ich ganz gut schmecke.‘

‚Unsinn‘, entgegnete der Adler, ‚angenommen, ich fresse dich, dann wärst du doch nicht mehr da, oder?‘

‚Das ist wahr.‘

‚Wenn wir uns aber zusammenschließen, kannst du mir alles über diesen wunderbaren Fluß erzählen, den du so gut kennst.‘

Der Grashüpfer schaute halb aus seinem Versteck hervor.

‚Und ich könnte dich zu allen möglichen Plätzen

mitnehmen — ich reise nämlich häufig', fuhr der Adler fort.

'Würdest du mich hoch hinaus mitfliegen lassen?'

'Gelegentlich.'

'Und mich einigen deiner gewaltigen Freunde vorstellen?'

'Aber klar!'

Beide dachten eine Weile nach. 'Und ich könnte dir das Hüpfen beibringen!' rief dann der Grashüpfer freudig.

'Das ist etwas, was ich bis heute noch nie richtig in den Griff bekommen habe', sagte der Adler.

'Und ich habe einen Trick, die Beine gegeneinander zu streichen. Hör zu . . .'

'Ich bezweifle, daß ich das jemals meistere', meinte der Adler, 'aber ich würde es unheimlich gern versuchen.'

Und sie gingen zusammen fort, um das Geschäftliche zu regeln. Und so kam es, daß *Barclay* und *Martins* beschlossen, zusammenzuarbeiten."

Etwas zu wagen, sich zu entschließen, das Beste zu geben und den eigenen Überzeugungen folgen — alles das mag schwer zu erreichen sein, aber es macht im Grunde das Leben glücklich und erfolgreich.

ALLTAGSLEBEN

Sich den Enttäuschungen stellen |

Die Umstände haben nur wenig mit den Erfahrungen der Seele zu tun. Gerade die Einstellung, die man selbst entwickelt, wirkt sich auf alle unsere Handlungen aus.

Ellen G. White

In New York arbeitete ein Busfahrer, der genug von seinem Beruf und seinen sonstigen Problemen hatte und deshalb einfach mit seinem Bus an die sonnigen Strände Floridas durchbrannte. Dort wohnte er im Bus und führte ein freies Leben.

Als man seiner habhaft wurde, geschah etwas Seltsames: Presse, Radio und Fernsehen standen alle auf seiner Seite. Und als er schließlich gezwungen wurde, in den Bus zu steigen und zurück nach New York zu fahren, strömten Tausende zur Autobahn, um ihm, dem Helden, zuzujubeln.

Warum reagierten die Menschen so verständnisvoll auf einen regelrechten Dieb?

Er hatte gewagt auszuführen, wovon viele nur insgeheim träumen, und war vor seinen Schwierigkeiten weggelaufen.

Doch letztlich gewinnt man nichts durch diese Art, die Dinge handzuhaben. Die Kniffligkeit einer bestimmten Aufgabe sollte uns mehr herausfordern als abschrecken.

Kennen Sie die Geschichte vom Riesen Goliath? Sobald er sich an die vorderste Front begab, flohen die gegnerischen Soldaten völlig kopflos, ohne es auf einen Kampf ankommen zu lassen. David, der Schäferjunge, lief nicht fort. Er ging direkt auf ihn zu. Und eine krumme, selbstgemachte Schleuder und fünf glatte Kieselsteine, die er am Bach gesammelt hatte, reichten aus, um den Riesen zu fällen, der ein ganzes Heer in Angst und Schrecken versetzt hatte. Nur wenn wir uns unseren Problemen stellen und sie in Angriff nehmen, können wir sie lösen.

Jeder von uns erlebt Enttäuschungen, Schwierigkeiten, Niederlagen und auch Katastrophen auf irgendeine Art und Weise. Keiner kann dem entkommen. Wir sollten nicht zu viel Zeit verschwenden, uns Sorgen darüber zu machen. Die Tatsache, daß wir Enttäuschungen ins Auge sehen müssen, ist nicht halb so entscheidend wie unsere Einstellung dazu.

Wegrennen hilft nicht

Vor einem Problem davonzulaufen mag die beste Lösung scheinen. Manche tun das, indem sie beim Alkohol Zuflucht suchen. Schon seit der Mensch den Alkohol entdeckte, meint man, damit Schwierigkeiten bewältigen zu können. Für eine kurze Zeit fühlt man sich in gehobener Stimmung und läßt sich dadurch verleiten, sich einzubilden, man sei den Sorgen entkommen, oder man schaffe das ohne Schweiß und Tränen.

Doch die irreführende Macht des Alkohols kann die jammernden Nerven und den erhöhten Blutdruck nicht wirklich beruhigen. Sobald der abstumpfende Effekt nachläßt, treten die Probleme wieder hervor und haben sich meist noch vervielfacht! Wer das Leben wahrhaftig liebt und das Beste daraus machen will, wird versuchen, die Gegebenheiten eher zu verändern und zu verbessern als sie zu beklagen oder zu bemänteln.

Die unkontrollierte Einnahme von Beruhigungsdrogen kann noch gefährlicher sein als Alkohol. Es ist tragisch, so vielen traurigen Gestalten zu begegnen, die sich nur durch diese trügerischen chemischen Krücken aufrechterhalten und so versuchen, mit einer schnellebigen Welt fertig zu werden, die Höchstleistungen erwartet.

Da muß es doch noch bessere Wege geben! Und die gibt es!

Als erstes ist zu bedenken, daß wir nichts lösen, wenn wir uns der Wirklichkeit nicht stellen oder versuchen, ihr zu entfliehen. Den Verstand durch abstumpfende Drogen zu beeinträchtigen macht die Sache nur noch schlimmer.

Die Hindernisse des Lebens nach unseren Gaben und Fähigkeiten anzugehen, hat sich im Laufe der Zeit als beste Lösungsmöglichkeit erwiesen. Wagen wir es, werden wir überrascht sein, wie die Schwierigkeiten schwinden und die Furcht weicht. Die Geschichte von Mose und der Schlange veranschaulicht das:

Mose legte Gott verschiedene Gründe dar, warum er sich nicht traute, vor den ägyptischen Pharao zu treten. Daraufhin verwandelte Gott seinen Stab in eine Schlange, und Mose flüchtete. Gott befahl ihm, nicht wegzulaufen, sondern sich umzudrehen und die Schlange anzusehen. Er trug ihm sogar auf, sie am Schwanz zu ergreifen! Mose gehorchte, und die Folge der Ereignisse ist aufschlußreich. Augenscheinlich floh die Schlange vor ihm, sobald er sich umdrehte, oder er hätte sie nicht beim Schwanz ergreifen können.

Die Ausbilder von Piloten machen sich diese

Erfahrung zunutze, wenn sie anderen das Fliegen beibringen. Nach einem unerwarteten Zwischenfall, bei dem es keine Verletzten gibt, muß der Schüler sein Flugzeug sofort wieder starten. Er bekommt keine Gelegenheit, vor der Gefahr wegzulaufen und sich von der Angst hemmen zu lassen. Die Ausbilder wissen, daß die Angst an Macht verliert, sobald man ihr ins Auge sieht.

Sorgen sind wie ein Schaukelstuhl

Im Krankenhaus lag ein Patient, der bei einem Autounfall schwer verletzt worden war. Er hatte große Schmerzen und wußte, er würde lange leiden müssen. Trotzdem schaffte er es, guten Muts zu sein. Ein Besucher fragte ihn, wie lange er ans Bett gefesselt sein würde. „Immer nur einen Tag auf einmal!" war die freudige Antwort.

Einen Tag auf einmal!

Gewöhnlich sind es nicht die gegenwärtige Lage oder die Umstände, die Leute zu Verzweiflungstaten treiben. Nicht die heutigen Probleme vernichten ihren Mut. Häufiger sind es Schuldgefühle aus der Vergangenheit oder Zukunftsangst.

Es gibt eine Anekdote von einer Uhr, die schlagartig aufhörte zu ticken. Auf die Frage nach dem Warum antwortete sie, sie könne den Gedanken nicht ertragen, die nächsten 365 Tage insgesamt 31 536 000 Sekunden anzeigen zu müssen. Als man sie erinnerte, daß sie doch nur eine Sekunde zur selben Zeit ticken müsse, faßte sie neuen Mut und nahm ihre Arbeit wieder auf.

„Nur ein Tag der Woche ist uns gegeben. Jeder kann

die Kämpfe des heutigen Tages bestehen. Jeder kann die Bürde eines Tages tragen. Jeder kann den Versuchungen eines Tages widerstehen. Jeder kann die Anfechtungen eines Tages bewältigen. Nur dann, wenn wir zu dem Heute die Last der zwei ‚Ewigkeiten' — Gestern und Morgen — hinzufügen, brechen wir darunter zusammen. Keiner kann alle diese Lasten tragen.

Über zwei Tage der Woche brauchen wir uns nicht den Kopf zu zerbrechen. Sie stehen nicht in unserer Macht, so sollten wir uns nicht darum sorgen. Einer dieser Tage heißt Gestern. Die gestrigen Schwierigkeiten und Ängste mit all den Schmerzen und Fehlern, Enttäuschungen und Mißverständnissen sind vorüber und können nicht zurückkehren. Der andere Tag nennt sich Morgen. Das Morgen mit seinen möglichen Hindernissen, Bürden, Gefahren, Versprechen, Fehlern, Freuden und Sorgen ist genauso außer Reichweite wie das Gestern."

Diese Worte eines unbekannten Autoren unterstreichen, daß Ängstlichkeit uns nicht weiterhelfen kann. Sie kann Probleme des nächsten Tages nicht beiseite schieben, aber sie kann uns lähmen, so daß wir uns ihnen nicht stellen. Jemand sagte einmal: „Sorgen sind wie ein Schaukelstuhl. Man ist beschäftigt, aber man kommt nicht weit."

Vor allem bedrücken uns die Erinnerungen, die mit wichtigen Entscheidungen verbunden waren: „Hätte ich nur einen anderen Beruf gewählt . . . Hätte ich nur dieses Haus gekauft . . . Hätte ich nur jemand anderen geheiratet . . ." Wenn solche „Hätte ich nur . . ."-Gedanken in unserem Leben überwiegen, behindern sie unsere Entwicklung und verleiten uns, uns an dem zu freuen, was wir sind und haben.

Mit Sorgen fertig werden

Manches, was unser Leben belastet, kann verändert werden. Wir müssen uns Zeit nehmen, um herauszubekommen, wie wir das am besten bewältigen. Vielleicht unterstützt uns ein Freund oder Vertrauter. Es ist hilfreich, Dinge durch die Augen anderer zu betrachten oder ihre Lösungsvorschläge zu bedenken. Dann müssen wir ehrlich wagen zu ändern, was geändert werden muß und geändert werden kann. Mit einigen Schwierigkeiten müssen wir uns möglicherweise eingehender beschäftigen, um mehr Einsicht zu gewinnen. Zuweilen fehlt es auch an der notwendigen Aussprache, sogar zwischen Menschen, die sich sehr nahestehen.

Ein Pfarrer erzählte von einer Frau aus seiner Gemeinde, die sich von ihrem Mann scheiden lassen wollte. Sie bat ihn um Rat, welche Schritte sie als erstes unternehmen sollte.

„Warum wollen Sie sich von Ihrem Mann trennen?" fragte der Pfarrer. Für einen weiten Teil ihres Bekanntenkreises schienen sie eine normal glückliche Ehe zu führen. Keiner beschuldigte den anderen, untreu gewesen zu sein. Erst wollte die Frau nicht mit der Sprache heraus, doch dann faßte sie sich ein Herz: „Er macht mich nervös."

„Was tut er denn?"

Nach einigen Minuten des Nachdenkens erzählte sie: „Jeden Abend, wenn wir zu Bett gehen, liest er noch eine Weile. Und wenn er umblättert, tut er das so!" Sie veranschaulichte, wie er umblätterte: mit einer für so eine kleine Sache ausholenden Bewegung und unangemessenem Geräusch. Das störte sie so, daß sie nicht schlafen konnte. „Ich habe das vierzig

Jahre ertragen; jetzt kann ich nicht mehr!" stieß sie hervor.

„Haben Sie mit Ihrem Mann darüber gesprochen?"

„Nein", gab sie zu, „ich wollte ihn nicht verletzen."

Der berühmte englische Schriftsteller *Samuel Johnson* bemerkte scharfsinnig: „Wir erreichen die große Kunst, wenig Unglück und dafür viel Glück zu haben, dadurch, daß wir gerade den kleinen Dingen große Beachtung schenken!" Halten wir uns nicht an diesen weisen Rat, können die kleinen Dinge das genaue Gegenteil bewirken.

In dem oben geschilderten Fall wurde die Angelegenheit mit Hilfe des Pfarrers gelöst. Doch ein Großteil der Dinge, die uns schlaflose Nächte kosten, können nicht behoben werden. Wir müssen lernen, sie anzunehmen und das Beste daraus zu machen. Das kann auch helfen, die Furcht vor Dingen auszulöschen, die vielleicht sowieso niemals eintreffen werden. Dabei denke man an das Wort: „Man kann das Unglück am schwersten ertragen, das nie eintreten wird."

Wenn wir alles Menschenmögliche gesagt und getan haben, ist es erst recht unsicher, ob es uns besser ginge, hätten wir anders gewählt. Eines Tages mögen wir erleben, daß wir uns zu unserer Entscheidung beglückwünschen oder dazu, daß wir nicht bekamen, was wir so unbedingt haben wollten.

Zukunftsangst

„Wer Leiden fürchtet, leidet schon, was er fürchtet." Wer diese Worte festgehalten hat, wußte wohl, wovon er sprach. Falls Sie daran zweifeln, denken Sie nur an die Angst beim Zahnarzt – besonders wenn Sie empfindliche Zähne haben. Bevor Sie überhaupt auf dem Behandlungsstuhl sitzen, fühlen Sie schon den Bohrer an Ihrem kranken Zahn schleifen.

Sitzen Sie dann wirklich auf dem Stuhl, mögen Sie äußerlich ruhig wirken; doch vor lauter Furcht vor dem Schmerz fangen Sie an zu schwitzen. Und dann, völlig überraschend, bevor Sie auch nur die Chance hatten zu leiden, ist alles vorbei.

Noch nie haben Sorgen um morgen irgend jemandem geholfen. Im Gegenteil: Nur Freudlosigkeit, die Unfähigkeit, die schönen Dinge des heutigen Tages zu genießen, eine Menge Falten, graue Haare oder Magengeschwüre sind die Folge.

Calvin Coolidge sagte einmal: „Wenn ich zehn Schwierigkeiten auf mich zukommen sehe, halte ich still und warte. Ich weiß, mindestens neun davon werden verschwunden sein, bevor sie mich erreichen."

Manchmal erweisen sich Dinge als sehr einfach, die uns unwahrscheinlich schwer erschienen. Vor nicht allzu langer Zeit übernachteten meine Frau und ich in einem Hotel, in dem einige Einbrüche und Diebstähle verübt worden waren. Zur Vorsicht verschlossen wir die Tür jedes Mal, wenn wir das Zimmer verließen. Eines Abends kehrten wir spät zurück, und ich versuchte, die Tür aufzuschließen. Ich steckte den Schlüssel ins Schloß, drehte ihn hin und her und versuchte die Tür zu öffnen – vergeblich. Meine Frau meinte: „Laß mich mal versuchen!" Bevor sie den Schlüssel hineinsteckte, bewegte sie den Türknopf und drückte gegen die Tür. Sie ließ sich öffnen! Die Tür war die ganze Zeit unverschlossen. Das große Problem, gegen das ich ankämpfte, gab es gar nicht.

Geistiges Großreinemachen

Die Erfahrung, die einmal eine Hausfrau machte, beeindruckte mich sehr. Sie dachte nach, quälte sich ab und ärgerte sich maßlos über Menschen, die sie beleidigten oder die anders handelten, als sie das ihrer Meinung nach tun sollten. In Gedanken führte sie ständig Krieg gegen diese Leute.

Eines Tages kam sie zu der erschreckenden Einsicht, daß sie unwahrscheinlich viel Energie mit diesen fruchtlosen geistigen Kämpfen verschwendete. Sie merkte, daß die Leute, die sie so hart bearbeitete, sich nicht ein bißchen änderten. Da beschloß sie, statt dessen ihr Leben zu erneuern. Wie machte sie das?

Sie stellte sich den Tatsachen und bat Gott, die Menschen zu segnen, die sie so störten. Danach entschied sie, positiv statt negativ zu denken. Sie befahl sich selbst: „Ich werde etwas auswendig lernen oder üben – ein Gedicht, ein Zitat, einen Bibelvers oder eine Seite Französisch."

Dann wandte sie sich noch einmal an Gott: „Danke, Gott, daß du mir beim geistigen Großreinemachen hilfst. Ich hoffe durch das Beten eine Menge zu lernen."

Sich Sorgen zu machen ist Gewohnheitsdenken. Statt über den Segen nachzudenken, zählen wir unsere Probleme. Sorgen vervielfältigt die Schwierigkeiten, während der Glaube, verbunden mit verständiger Tat, sie auf die angemessene Größe beschränkt und zur Lösung führt. „Schaffe jeden Tag etwas, das dein Leben verbessert, verschönert und bereichert", schrieb *Ellen G. White* vor etwa hundert Jahren. Dieser Rat gilt auch heute noch für diejenigen, die das Beste aus ihrem Leben machen wollen.

> *Die Tugend gehört uns so lange nicht, wie wir*
> *sie nicht in die Tat umsetzen.* Aristoteles

An einem heißen Morgen im Juli 1909 verkündete der 37jährige *Louis Bleriot,* er werde am nächsten Tag den Ärmelkanal überfliegen. Seinen Gegner, den wohlhabenden *Hubert Latham* — ein früherer Großwildjäger und Afrikaforscher —, versetzte das in Alarm. Beide hatten sich nämlich vorgenommen, als erster den nur 30 Kilometer breiten Kanal zu überfliegen.

Latham hatte *Bleriot* und seinen selbstkonstruierten Eindecker mit nur 24 PS nie als ernsthafte Gefahr angesehen. Seine eigene Maschine war der letzte Schrei mit allen möglichen Schikanen, und er hatte extra zur Wartung einen Mechaniker eingestellt. Am nächsten Morgen stand er früh auf, um nach dem Wetter zu schauen. Ein kurzer Blick, und er war überzeugt, daß nichts zu machen sei. „Nur ein Narr würde riskieren, heute zu fliegen", murmelte er, als er wieder ins Bett kroch.

In einer kleinen Hafenstadt bei Calais überprüfte *Bleriot* zur gleichen Zeit seine 500 Pfund schwere Maschine und studierte die Landkarte. Dann hob er ab in Richtung England und winkte einer Gruppe neugieriger Zuschauer zuversichtlich zu. Eine halbe Stunde später landete er in Dover und gewann damit neben dem Ruhm auch einen hohen Geldpreis, ausgesetzt für den, der als erster den Kanal mit einem Motorflugzeug überquerte. *Latham* verlor, weil es an jenem Morgen bequemer war, wieder ins Bett zu kriechen.

Es ist nur zu einfach, Entschuldigungen zu finden, um sich vor Mehrarbeit zu drücken — besonders, wenn uns unerwarteter Widerstand den Weg verstellt. Die folgende Geschichte soll darstellen, wie sehr man dazu neigt, Ausflüchte zu suchen, um das Gewissen zu beruhigen und alles so laufen zu lassen, wie es kommt.

Ein Urlauber wanderte durch die Berge, als plötzlich starker Regen einsetzte. Er suchte Schutz in der baufälligen Hütte eines alten Mannes. Während er seine Sachen am Feuer trocknete, bemerkte er, wie das Wasser durch eine undichte Stelle im Dach tropfte, und so fragte er: „Warum stopfen Sie das schreckliche Loch nicht zu?"

„Geht nicht", brummte der Alte, „es regnet."

„Ja, und warum machen Sie es nicht heil, wenn es nicht regnet?"

„Weil es dann nicht tropft", kam die Antwort.

Die Kraft, Großes zu tun

Es ist unmöglich, die Kraft eines Menschen zu ermessen, der an sich selbst glaubt und ein Ziel hat, das seinen Gaben entspricht. Sein Erfolg hängt nicht unbedingt von materiellen Dingen oder seiner Beliebtheit ab. Manchmal scheint gerade das Gegenteil der Fall zu sein.

Wer hätte gedacht, daß die verhältnismäßig kleine Gruppe von 120 verängstigten Nachfolgern Jesu, die sich nach seinem Tod in einem versteckten Raum zusammendrängten, eine weltweite Bewegung hervorrufen würde? Sie hielten die Tür aus Angst vor Feinden verschlossen. Sie besaßen kein Geld, keinen Einfluß, keine Macht. Und doch erschütterten ihre Lehren innerhalb weniger Jahrzehnte die jüdische Nation und verbreiteten sich durch das ganze Römische Reich. Später trug diese Bewegung dazu bei, daß Nationen aufstiegen oder fielen und ungezählte Leben rund um den Globus verändert wurden!

Wie konnte das geschehen? Die Antwort ist einfach. Die wenigen Frauen und Männer glaubten an ihre Sache. Sie weihten Gott ihr Leben und bekamen unermeßliche Kräfte zur Verfügung gestellt.

In einem seiner Bücher betont *Dean M. Kelley:* „Die größten Mobilisatoren, gewöhnlich sind es religiöse Führer wie *John Wesley,* sind Leute, die fast an der Grenze ihrer Leistungsfähigkeit leben — und das nicht nur für einige Augenblicke, sondern auf Jahre hinaus; und nicht für Ruhm und Reichtum oder für den Sport, sondern für einen Sinn. Ist es da ein Wunder, daß diese entschlossenen, kraftvollen Menschen, die sehr viel bewußter und rückhaltloser leben als andere, Gruppen von Nachfolgern um sich scharen, die ihr reiches Leben teilen wollen?

Diese Handvoll Menschen hat einen Einfluß auf die Geschichte ausgeübt, der in keinem Verhältnis zu ihrer Anzahl oder ihren offensichtlichen Fähigkeiten steht. Ein Großteil von ihnen stammt gerade aus den wenig begünstigten Schichten der Gesellschaft: Sie sind weder adlig noch reich oder gebildet oder besonders begabt. Alles, was sie beitragen können, ist ihre eigene Person, doch das ist mehr, als andere irgendeiner Sache schenken. Denn wenn sich auch nur wenige einer großen Sache oder dem Glauben von ganzem Herzen verpflichten, sind sie in Wahrheit unwiderstehbar. Sie durchtrennen messerscharf die halbherzigen, vergänglichen Bindungen der übrigen Gesellschaft.

Aus folgenden Gründen sind sie dazu in der Lage:

1. Sie sind bereit, mehr Zeit und Energie für ihre Sache aufzubringen als die meisten für ihre liebsten persönlichen Ziele.
2. Sie besitzen eine Sicherheit, eine Überzeugung von der Richtigkeit, auf Gottes Seite zu stehen, gegen die kaum eine menschliche Anstrengung ankommt.
3. Sie sind mit anderen verbunden, sorgen füreinander, sind gleichgesinnt und gleich hingebungsvoll und richten sich in Zeiten der Schwäche, der Verfolgung und des Zweifels gegenseitig auf.
4. Sie sind bereit, ihren Ehrgeiz und ihre persönlichen Wünsche dem gemeinsamen Ziel der Gruppe unterzuordnen."

Bis an die Grenzen der Leistungsfähigkeit leben

Eine Bemerkung in diesem Zitat fesselt mich und fordert mich heraus: Der Autor spricht von Leuten, die „an der Grenze ihrer Leistungsfähigkeit leben". Wahrscheinlich trauen sich nur wenige von uns zu, so waghalsig zu leben. Doch sollten wir innehalten, um uns zu fragen, ob wir unser Leben voll ausleben.

Auf einer Englandreise las ich in einer Zeitung die Geschichte eines Mannes aus Yorkshire. Er hieß George Chambers, war in der Gepäckabfertigung bei der britischen Eisenbahn tätig und schockierte alle, indem er im Vorweihnachtsrummel täglich zwölf Stunden arbeitete.

„Warum tun Sie das?" Als Antwort erzählte er seine Geschichte:

Zwei Jahre vorher war er während der Arbeit in der Mine zusammengebrochen und mußte ins Krankenhaus gebracht werden. Dort entdeckte man bei ihm einen Gehirntumor. Er war gelähmt, konnte nicht laufen, nicht sprechen, nur etwas die Hände bewegen.

Jetzt — nur zwei Jahre später — fertigte er Tag für Tag von 10 bis 22 Uhr Hunderte von Paketen ab, von denen manche bis zu 30 Kilogramm wogen. Die Spezialbehandlung, die Medizin, die Diät, die er im Krankenhaus erhielt, dazu sein eigener Lebenswille verliehen ihm eine neue Lebenschance. Während der Krise hatten ihm die Ärzte höchstens 24 Stunden gegeben. Doch den Gesundheitstest der britischen Eisenbahn bestand er ohne weiteres.

George Chambers meinte: „Überstunden? Gebt mir Tonnen davon! Ich wäre auch glücklich, wenn ich ohne Bezahlung arbeiten würde. Jeder Tag ist ein neues Wunder für mich. Mit 52 wurde ich noch einmal geboren! Ich sollte eigentlich gar nicht mehr leben. Ich habe eine zweite Chance erhalten. Und glauben Sie mir, ich werde aus diesem Bonus etwas machen. Das Leben wird nicht lange genug dauern, selbst wenn ich die hundert Jahre erreichen sollte.

Ich weiß ja, daß ich nicht lange zwölf Stunden täglich arbeiten muß — nur bis der Weihnachtstrubel vorbei ist. So viele Menschen haben mir geholfen; es ist doch toll, wenn ich dafür anderen etwas Gutes tun kann. In diesem Fall sind es die Eisenbahn und all die Leute, die zu Weihnachten Pakete erwarten."

Das „Lebensgeschäft" ist eine ernste Angelegenheit, und keiner kommt mit dem Leben davon. Machen wir das Beste daraus! „Gebrauche deine Augen, als ob du morgen erblinden würdest; lausche den Lauten der Stimmen, dem Gesang der Vögel, als wärst du morgen taub. Berühre alle Dinge, als ob du morgen deinen Tastsinn verlierst. Nimm den Duft der Blumen wahr; genieße jeden Bissen, als ob du von morgen an nie wieder riechen oder schmecken könntest."

Lichte Tage liegen vor uns

Nehmen die heutigen unangenehmen Erfahrungen unsere Gedanken völlig ein und schwächen so unseren Weitblick? Manchmal können wir uns nicht von Sorgen, Fehlschlägen oder Enttäuschungen frei machen. Wie anders können die Dinge jedoch nach einer Woche oder nach einem Monat aussehen! Wir können vielleicht sogar feststellen, wie sich harte Erfahrung als Segen enthüllt!

Dazu ein kurzer Denkanstoß: „Jedem Gläubigen, den es nach göttlicher Führung verlangt, ist der Augenblick der größten Entmutigung die Zeit, da ihm Gottes Hilfe am nächsten ist; und er wird dankbar auf die dunkelste Stunde seines Lebensweges zurückschauen. ‚Der Herr weiß die Frommen aus der Versuchung zu erretten.' (2. Petrus 2, 9.) Aus jeder Versuchung, aus jeder Schwierigkeit wird Gott sie mit einem festeren Glauben und mit reicher Erfahrung hervorgehen lassen." (Ellen G. White, „Der Eine — Jesus Christus", Seite 298.)

Der frühere Präsident der USA, *Gerald R. Ford,* drückte es ähnlich aus, als er anläßlich der Promotion seines Sohnes in Theologie eine Rede am Gordon-Conwell-Seminar in Massachusetts hielt. Er berichtete, wie ihn die plötzliche Übernahme der Präsidentschaft dazu veranlaßte, seine Kraft bei einer höheren Macht zu suchen. Dann führte er weiter aus: „Ich erinnere mich besonders gut an den September 1974. Ich hatte eben mein Amt angetreten, als man bei meiner Frau Bettsy Krebs feststellte. Gerade in jener Zeit begannen wir eine tiefere Einsicht in unsere Beziehung zu Jesus Christus zu gewinnen. In einer Zeit, in der menschliche Schwäche und Hinfälligkeit ein wirklicher Teil unseres eigenen Lebens war, konnten wir begreifen, was der Apostel Paulus meinte, als er schrieb, daß Christi Stärke in unserer Schwachheit mächtig würde. Nach diesen Erfahrungen merkten wir, daß wir anderen in ihrer Not viel besser Trost und Hoffnung schenken konnten."

Nichts ist nämlich so schlimm, daß es nicht hätte schlimmer kommen können, und wir haben immer Anlaß zu der Hoffnung, daß unsere Probleme nur eine Zeitlang dauern, daß die dunklen Tage vorübergehen und hellere kommen werden.

Die kleine Geschichte mag uns schmunzeln lassen. Doch die Moral, die sich dahinter verbirgt, sollte uns Mut machen: An einem kühlen Tag gegen Ende des Frühlings begann eine Schnecke einen Kirschbaum hinaufzuklettern. Ein Schwarm Spatzen auf der benachbarten Eiche konnte sich nicht verkneifen, sich über die Schnecke lustig zu machen. Schließlich flog einer von ihnen hinüber und sprach die Schnecke an: „He du! Weißt du nicht, daß an dem Baum noch gar keine Kirschen hängen?" Die Schnecke ließ sich nicht beirren. Sie kroch beharrlich den Stamm empor und stieß grimmig hervor: „Das brauchst du mir nicht zu erzählen! Aber es werden welche drauf sein, bis ich ankomme!"

Mut haben, immer wieder neu anzufangen

> *Die ärgsten Feinde sind die, die wir in uns selbst herumtragen.*
> Plutarch

Zwei Männer unterhielten sich über einen gemeinsamen Freund, den man vor kurzem bei einer wichtigen Beförderung übergangen hatte. Er besaß die erforderlichen Voraussetzungen und den Rang, und der überwiegende Teil der Angestellten dachte, er bekäme die Stellung. Aber Geschäftspolitik, Neid und andere Faktoren spielten mit, und so wurde ein anderer vor ihm befördert. Er jedoch ließ sich davon nicht verbittern und reagierte auch nicht beleidigt oder gekränkt.

„Wie schafft er das, eine so positive Einstellung zu behalten?" fragte man sich gegenseitig.

„Als erstes lebt er nach dem Prinzip, daß ihn keiner verletzen kann, außer er selbst", entgegnete einer. „In dieser Angelegenheit sagt er sich, daß die Leute, die bei diesem falschen Spiel mitmischen, sich selbst am meisten schaden. Er hat ein gutes Gewissen, und da er keinen Grund hat, sich selbst anzuklagen, warum sollte er sich unnötig sorgen?"

„Ja", meinte der andere, „das muß das Geheimnis seiner inneren Ruhe und des Festhaltens an seinem Wertgefühl sein. Trotz allem, was geschah, nimmt er das Leben, wie es kommt, und arbeitet zuverlässig wie bisher."

Auf dieser Welt unterliegt häufig das Gute dem

Bösen. Aber es wird eine Zeit kommen, in der „die getretene Wahrheit wieder aufstehen wird". Die sicherste Verteidigung gegen feindliche Kräfte, die uns entmutigen wollen, ist, durch unser Leben und unsere Taten zu beweisen, daß sie unrecht haben. Wenn man das erreicht, hat man einen großen Sieg erkämpft.

Die eigene Zukunft gestalten

Als sich *Abraham Lincoln* zum Präsidentschaftskandidaten aufstellen ließ, fragte ihn ein Reporter, welche Aussichten er sich ausrechne. In seiner typischen Art erwiderte *Lincoln:*

„Ich habe keine Angst vor *Breckinridge,* weil er vom Süden ist. Nordstaaten werden ihn nicht unterstützen. Auch um *Douglas* mache ich mir keine Sorgen, da ihm die Wähler im Süden nicht nachrennen werden. Aber da ist ein Mann, den ich sehr fürchte. Er heißt *Abraham Lincoln.* Wenn ich verliere, wird es seinetwegen sein!"

Im großen und ganzen ist jeder selbst für seine Zukunft verantwortlich. Häufig entscheiden unsere eigene Einstellung und Handlungsweise, ob unser Leben ein Erfolg oder eine Niederlage wird.

Sich hinzusetzen und sein trauriges Los in dieser erbärmlichen Welt zu beweinen, hilft nichts und niemandem! Wir können nicht erwarten, daß uns jemand aufrichtet und weiterführt, wenn wir in Selbstmitleid versinken und uns in der Gewalt böser Menschen oder Kräfte wähnen. Der Weg zur Selbsthilfe besteht darin, ganzen Gebrauch von den Kräften zu machen, die in uns liegen, und mit den guten Kräften in dieser Welt zusammenzuarbeiten. Es ist gut, den Gewalten, die unsere Kraft schmälern wollen, keine Beachtung zu schenken. Es ist großartiger, sie als Herausforderung anzunehmen, um das Beste aus sich herauszuholen.

Noch ein Versuch

Folgende Worte umfassen die Lebenserfahrungen eines Menschen: „Ich werde immer wieder besiegt. Doch da ist etwas in mir, das unbesiegbar ist. Ich fange immer wieder neu an." Immer wieder neu anfangen! Wie wunderbar das sein kann. Es gibt kaum Fehlschläge und Niederlagen, die nicht durch einen Neuanfang behoben werden können.

Ein Junge war ziemlich klein für sein Alter, trotzdem verschaffte er sich Achtung bei seinen Spielkameraden. Seine Familie war gerade umgezogen, und die anderen Kinder waren beeindruckt, wie gut er Rollschuh laufen konnte.

„Wie machst du das", fragte ihn einer.

„Das ist einfach", antwortete er, „jedesmal, wenn ich hinfalle, stehe ich sofort wieder auf!"

Während des zweiten Weltkriegs wurde am 30. April 1944 der Pilot *Ed Northern* über Dünkirchen abgeschossen. Unter seinen Papieren fand man ein handgeschriebenes Gebet. Es enthält eine Botschaft und enthüllt *Ed Northerns* Lebensauffassung, die noch immer aufhorchen läßt. Das Gebet lautete so:

„Lieber Gott, hilf mir, einen wirklichen Beitrag zum Leben zu leisten. Ich will keine leichte Aufgabe. Ich möchte nur hundert Prozent von dem zurückgeben, was du mir anvertraut hast. Stelle mich dort hin, wo immer du mich brauchst. Wenn du mich mit einer schweren Sache beauftragst, danke ich dir für dein Vertrauen. Hilf mir, mich daran zu erinnern, daß es nichts gibt, was du und ich nicht gemeinsam lösen könnten. Hilf mir, alle Schwierigkeiten als Ansporn anzusehen und laß mich begreifen, daß Niederlagen und Widerstände unvermeidbar sind. Und hilf mir, dankbar dafür zu sein.

Hilf mir, gerecht und ehrlich zu sein, gleichgültig, was andere tun mögen. Und schließlich, Herr, sollte ich völlig am Ende oder durch Krankheit oder Alter hilflos geworden sein, hilf mir, auch das aus deiner Hand zu nehmen.

Und wenn der Vorhang fällt und der ganze Kampf vorbei ist, will ich keine falschen Komplimente bei meinem Abschied. Alles, was ich möchte, ist, zu wissen, daß mein Leben erfüllt war."

Es gibt kaum eine zuversichtlichere Einstellung zum Leben als sie hier zum Ausdruck kommt.

Von Kritik lernen

Als ein relativ junger Professor zum Präsidenten einer Universität gewählt wurde, griffen die älteren Kollegen seine Ideen von Bildung und Erziehung scharf an. Es war klar, daß sie ihm als Neuling und als Eindringling in ihren Herrschaftsbereich mißtrauten. Bei ihren Attacken war ihnen jedes Mittel recht.

„Ist es nicht furchtbar, wie sie Ihren Sohn fertigmachen?" fragte ein wohlmeinender Freund den Vater des jungen Präsidenten. Doch dieser antwortete stolz: „Nein, gar nicht. Keiner wirft Steine auf einen toten Hund!"

Das ist keine neue Lebensphilosophie. Diese Einstellung ist dem Bibelwort verwandt: „Weh euch, wenn euch alle Leute loben..." (Lukas 6, 26, Die Gute Nachricht.) Das bedeutet nicht, daß wir der Kritik keinerlei Beachtung schenken sollten. Oft kann sie sehr hilfreich sein. Durch sie können wir erfahren, was wir wissen oder tun sollten. Dabei dürfen wir jedoch nicht vergessen, daß Menschen mit Unternehmungsgeist zuweilen abgelehnt oder verlacht werden.

Als zum Beispiel der norwegische Forscher *Fridtjof Nansen* die norwegische Regierung um finanzielle Unterstützung bat, um auf Skiern Grönland zu überqueren, machten sich die Zeitungen über ihn lustig. Andere hatten das schon vor ihm versucht, und keiner hatte es geschafft. Und als ob das nicht ausreichte, hatte Nansen den verrückten Einfall, von einem Fischerboot an Land zu gehen und sich von der öden Ostküste zur dünnbesiedelten Westküste durchzuschlagen. Alle vorherigen Expeditionen verliefen in umgekehrter Richtung, und man hinterließ Vorratslager, um notfalls wieder zurückkehren zu können.

Nansen konnte nirgendwohin zurückkehren. Er mußte es schaffen! Die Zeitungen hetzten, man könne diesem Mann nicht auch noch zum Selbstmord verhelfen. Nansen besorgte sich das Geld aus dem Ausland. Und er brachte es fertig!

Kritik heißt nicht, daß man kein wertvoller Mensch ist. Es kann das Gegenteil bedeuten. Auch wenn Kritik hart und kalt klingt, kann manchmal ein Lob darin versteckt sein. Manche Leute finden aus Mißgunst andauernd etwas zu bekritteln. Andere denken, daß man etwas noch besser machen könne. Die erste Art der Kritik kann bitter und verletzend sein, die zweite herzlich und hilfreich. Beide enthalten ein gewisses Maß an Anerkennung.

Fehler in den Fahrplan einbeziehen

Es ist eine gute Idee, die Möglichkeit von Fehlern in den Fahrplan des Lebens einzubeziehen. Man weiß, daß keiner vollkommen ist, daß wir alle Fehler machen und Dinge tun, die berichtigt werden müssen. Vielleicht haben wir von Geschäftsleuten gehört, die jedes Jahr eine bestimmte Summe in der Kasse für „erfolglose Geschäftsunternehmungen" einbehalten. Sie beziehen mit ein, daß sie sich ab und zu verrechnen und Fehler hinsichtlich neuer Produkte und Verkaufsmethoden machen.

Noch besser ist es, sich nicht nur Fehler einzugestehen, sondern aus ihnen zu lernen. Der große Geigenspieler *Ole Bull* hatte es bei seinen ersten öffentlichen Auftritten ziemlich schwer. Die Leute von der Presse zerrissen ihn gnadenlos. Der schärfste Kritiker war doppelt so alt wie er. Der junge Musiker wollte schon alles hinwerfen oder wütend zurückschlagen. Aber er beschloß etwas anderes zu tun: Er besuchte den Kritiker und fragte ihn um Rat. Dann setzte er die Ratschläge in die Tat um und übte ausdauernd. Daraufhin besserte sich seine Technik, und aus einem mittelmäßigen Musiker wurde ein anerkannter Meister seines Instrumentes.

Disraelis Einstellung

Wenige haben bisher die ungewöhnlichen Fähigkeiten des berühmten englischen Staatsmannes *Benjamin Disraeli* angezweifelt. Sein Mut und seine Ausdauer, wenn es um selbstgesteckte Ziele ging, sind bewunderungswürdig.

In der Schule war er ein aufgeweckter Schüler. Besonders begeisterte ihn, zu schreiben oder irgend etwas zu unternehmen. Bald bildete sich um ihn eine Gruppe von ebenso fortschrittlich denkenden Schülern. Sie zitierten seine Aussprüche, benutzten seine Ausdrücke und ahmten sein Verhalten nach.

Auf der anderen Seite gab es viele, die ihn nicht leiden konnten. Sie neideten ihm seinen Einfluß und konnten nicht ertragen, daß er, ein Jude, ihnen voraus war. *Disraeli* war ein Bücherwurm; er hielt wenig von Sport und Wettkämpfen, bei denen es nur um körperliche Überlegenheit ging. Einige Klassenkameraden betrachteten das als ihre Gelegenheit, um ihm eins auszuwischen, indem sie ihn zwangen, an einer Sache teilzunehmen, wo er keine gute Figur abgeben würde. Doch eines Tages änderte sich auch das.

Es begann damit, daß *Benjamin* heimlich eine Theatergruppe aufmachte und Aufführungen für Schüler veranstaltete. Das war gegen die Schulregel, und einer seiner Gegner verpetzte ihn beim Direktor. Dieser tadelte ihn für seine revolutionären und fremdartigen Ideen. Seine Gegenspieler waren schadenfroh und verspotteten ihn.

Als dann einer der stärksten und größten Jungen laut erklärte, er werde keinen Juden an der Spitze anerkennen, griff ihn Benjamin an. Obwohl der andere viel kräftiger war, verblüffte *Benjamin* mit einer Stärke und einem Kampfstil, die ihm keiner zugetraut hatte. Die Auseinandersetzung endete mit der totalen Niederlage seines ärgsten Feindes. *Benjamin* war damals fünfzehn; drei Jahre lang hatte er insgeheim Stunden genommen und den Faustkampf trainiert. Statt sich von den Widerständen entmutigen zu lassen, brachten sie ihn dazu, ein Gegenmittel zu ersinnen.

Noch bekannter als diese Episode aus seiner Jugend ist jene, als *Disraeli* seine Antrittsrede vor dem Parlament hielt. Als er sich erhob, blickten aller Augen auf ihn. Er sah so „unenglisch" wie nur möglich aus. Seine schwarzen, lockigen Haare und seine seltsame Kleidung machten die Parlamentsmitglieder nervös: Unter seiner grünen Jacke trug er eine weiße Weste, auffällige Ketten hingen aus den Westentaschen und überkreuzten sich. Statt einer Krawatte trug er ein silbernes Band, und sein dunkles Haar hob sein blasses Gesicht noch mehr hervor. Die Anwesenden schenkten seiner schrillen, hohen Stimme nicht lange Beachtung. Bald begannen einige zu grinsen und in Lachen auszubrechen. Dann fingen sie an, mit den Füßen zu stampfen, und veranstalteten solch einen Lärm, daß es unmöglich wurde, den Sprecher zu verstehen. Von der irischen Fraktion hörte man Gepfeife, Miauen und andere Tierstimmen.

Durch die Lachsalven und den Krach drangen folgende Worte: „Ich habe schon viele Dinge begonnen, und meist habe ich am Ende Erfolg gehabt!" Die Unruhe wurde so stark, daß *Disraeli* aufgeben mußte. Er schöpfte noch ein letztes Mal Kraft und rief: „Ich nehme jetzt Platz, aber es wird die Zeit kommen, wo Sie alle meinen Worten lauschen werden!"

Diese Niederlage konnte *Disraeli* nicht entmutigen. Mit eindrucksvoller Energie studierte und übte er, öffentlich zu reden, bis nicht nur das englische Palarment, sondern die ganze Welt seine fesselnde Redegewandtheit wahrnahm. Seine diplomatischen Fähigkeiten gewannen viele Vorteile für England. Sogar der „eiserne Kanzler" *Bismarck* konnte die Bemerkung nicht unterlassen: „Dieser alte Jude! Das ist ein Mann!"

Gegen Ende seines aktiven Lebens hatte *Benjamin Disraeli* einen weltberühmten Namen. Ihm wurde der Titel „Earl of Beaconsfield" verliehen. Er hatte es bis zum Premierminister gebracht. Königin Viktoria ließ ihm ein Denkmal setzen und folgendes Bibelwort anbringen: „Rechte Worte gefallen den Königen; und wer aufrichtig redet, wird geliebt." (Sprüche 16, 13.)

Eine ziemliche Ehre für einen Mann, dessen erste Ansprache vor dem englischen Parlament ein Reinfall war! Fähig zu sein, wenn nötig neu anzufangen und bei jedem Sturz wieder aufzustehen, sind keine schlechten Lebensgrundsätze.

Das Leben leichter machen | 8

*Eine versöhnliche Antwort kühlt den Zorn ab,
ein verletzendes Wort heizt ihn an.*
Sprüche 15, 1, Die Gute Nachricht

In den USA ging vor kurzem eine überregionale Warenhauskette in Konkurs. Warum? Waren die Produkte minderwertig oder möglicherweise die Preise zu hoch? Die schlichte Erklärung kam bald darauf von der Konkurrenz: Die Angestellten runzelten eher die Stirn, als daß sie lachten, und waren oft den Kunden gegenüber unfreundlich: „Das ist der schnellste Weg, ein Geschäft bankrott zu machen", meinte einer. Ein anderer fügte noch hinzu: „Eines der schwierigsten Probleme der Geschäftsführung heute ist es, Angestellte zu finden, die nett sind und gerne arbeiten!"

In der heutigen Zeit kaufen die Kunden nicht nur preis- und qualitätsbewußt, sondern sie möchten auch gut bedient werden. Der Vorsitzende eines riesigen Konzerns behauptete sogar, daß die Zukunft der Großunternehmen in besserer Dienstleistung liegt, weil sich die Kunden derzeit mehr für die Dienstleistung als für Preise interessieren. Die verschiedensten Tricks und Methoden werden angewandt, damit die Angestellten diese Tatsache bei der Arbeit nicht vergessen. Ich hörte von einer Firma, die zu jeder vollen Stunde eine Glocke schlagen ließ, um die Verkäufer zu erinnern, die Kunden zuvorkommend zu behandeln.

Es heißt, daß man zum Stirnrunzeln 72 Muskeln betätigen muß und zum Lächeln nur 14. Gleichgültig, wie gering wir unsere Gaben einschätzen, jeder von uns besitzt Eigenschaften, die größtenteils sehr viel gewinnbringender eingesetzt werden können.

Folgendes Wort drückt den Wert eines Lächelns meisterhaft aus: „Es kostet nichts und bewirkt viel. Es bereichert diejenigen, die es erhalten, ohne daß die ärmer werden, die es geben.

Es geschieht in einem Augenblick, und die Erinnerung daran kann ein ganzes Leben lang anhalten.

Keiner ist so reich, daß er ohne es auskommen kann, und keiner ist so arm, daß er kein Lächeln hätte.

Es bringt Glück ins Haus, nährt guten Willen im Geschäft und ist das Kennwort unter Freunden.

Es schenkt den Sorgenden Frieden, den Entmutigten Licht und ist die beste Medizin der Natur gegen Schwierigkeiten.

Doch man kann es nicht kaufen, erbetteln, leihen oder stehlen, denn ist ist kein irdisches Gut, solange es nicht weggegeben wird.

Und falls es geschehen sollte, daß jemand zu müde ist, dir ein Lächeln zu schenken, warum nicht ihm eines von deinen überlassen?

Denn keiner braucht ein Lächeln nötiger als der, der keins zu geben hat."

In der Familie

Wenn Lächeln und Freundlichkeit in der Geschäftswelt so wichtig sind, wieviel mehr bedeuten sie dann in der Familie. Im engen Familienkreis geschieht es leicht, daß sich Kleinigkeiten und Belanglosigkeiten zu einer Größe aufblasen, die in keinem Verhältnis zu ihrer Wichtigkeit steht. In einer Familie wurden diese Dinge durch die unschuldige Bemerkung eines kleinen Jungen wieder zurechtgerückt.

Der Vater kehrt müde von einem langen, harten Arbeitstag im Büro zurück. Er hatte sich mit gewichtigen Problemen und störrischen Angestellten herumgeschlagen. Beim Abendessen hörte er dann auch von Mißgeschicken zu Hause. Der ganze Ärger ließ ihn in die Luft gehen. Danach herrschte bedrückende Stille. Da fragte der kleine Junge seinen Vater unschuldsvoll: „Bist du böse, Pappi?"

„Ich bin nicht böse", meinte der Vater, nachdem er sich ein wenig beruhigt hatte, „ich bin voll wohlverdienter Erbostheit."

Das überstieg das Verständnis des Jungen. Für ihn hörte sich das chinesisch an, aber vom Wutausbruch des Vaters war er doch stark beeindruckt, und daher sagte er: „Ich möchte auch voll verdienen." Diese Bemerkung löste Gelächter aus, und die Stimmung besserte sich sofort.

Erforschen wir die Gründe unseres Ärgers, so sind sie meist ziemlich geringfügig. Selten ist der Anlaß so schwerwiegend, einen Zornanfall zu bekommen oder das seelische Gleichgewicht zu verlieren.

Die Erfahrung einer Kindergärtnerin kann denen über ihre eigenen Schwierigkeiten lachen helfen, die bei unnötigen, fruchtlosen Arbeiten schnell die Geduld verlieren:

Sie kämpfte mit dem letzten Paar Gummistiefeln. Dreimal an diesem Tag — einmal am Morgen und zweimal am Nachmittag — hatte sie 35 kleinen Kindern ihre Schuhe an- oder ausgezogen, je nachdem, wie es die Situation verlangte. Als sie dem letzten, Freddy, die Stiefel angezogen hatte, bemerkte dieser träumerisch: „Das sind nicht meine!"

Die geplagte Kindergärtnerin zählte leise bis zehn, dann zog sie ihm die Schuhe wieder aus. Freddy schaute stillschweigend zu. Als sie fertig war, kam er damit heraus: „Sie gehören meiner Schwester, aber Mami sagt, ich muß sie heute tragen!"

Die Fähigkeit flexibel zu sein

Auf See gilt die Regel, daß Schiffe mit großer Manövrierfähigkeit den weniger beweglichen den Weg freimachen müssen. Das ist eine gute Richtschnur fürs Leben, wenn ein Streit eine sonst harmonische Beziehung zwischen zwei Menschen zu sprengen droht. Es ist schon eine Leistung, den Ruf zu haben, schwankende menschliche Beziehungen auszugleichen.

Ein Grundgedanke des *Aristoteles* war es, daß ein Mensch die Tugend nicht wirklich besitzt, solange er sie nicht in die Tat umsetzt. Mit anderen Worten: Wenn man tugendhafte Handlungen oft genug wiederholt, wird man tugendhaft und umgekehrt, wenn man Laster oft genug ausübt, wird man verdorben.

Obwohl das, was wir sagen und tun, unsere Umgebung beeinflußt, wirkt es doch stärker auf uns selbst zurück. In seinem philosophischen Werk beschäftigt sich Dr. *Carsten Johnson* von der Andrews-Universität (USA) mit der Tatsache, daß Körper und Geist, Handlung und Auffassung, Worte und Gedanken eng miteinander verbunden sind. Zwischen all diesen philosophischen Theorien findet man eine köstliche Mensch-zu-Mensch-Geschichte:

„Eines Tages suchte eine junge Frau einen bekannten Psychiater auf. Ihre Ehe war zerbrochen, und nun wollte sie sich scheiden lassen. Doch bevor sie ihren Mann verließ, wollte sie ihn so tief wie möglich verletzen. Sie haßte ihn von Herzen, und der Besuch beim Psychiater diente allein dazu, herauszufinden, womit sie ihren Mann besonders treffen konnte.

‚Tja, ich kenne die Menschen', meinte dieser. ‚Ich kann Ihnen sagen, was Ihren Mann am ärgsten schmerzen wird. Wenn Sie meinen Rat annehmen, müßten Sie einfach noch etwa drei Wochen bei ihm bleiben. Während dieser Zeit sollten Sie ihm mit täuschender Freundlichkeit begegnen. Das heißt, Sie sollten ihm alles Gute antun, was Sie sich nur denken können. Lassen Sie in Ihrem Mann allmählich die irreführende Idee keimen, daß Sie ihn wirklich lieben. Und dann, ganz plötzlich trennen Sie sich von ihm — so kalt wie Eis. Das wird ihn bis ins Innerste erschüttern. Doch den Bruch sollten wir erst dann planen, wenn Sie diesen Teil der Arbeit erledigt haben, wenn Sie sein Überheblichkeitsgefühl erzeugt und gesteigert haben. Der Abschied sollte so verächtlich wie möglich sein. Merken Sie sich jedoch: In der ersten Runde müssen Sie ihn mit Güte und allen Anzeichen der Liebe überschütten. Und achten Sie darauf, daß alles ganz natürlich wirkt.'

Die Frau hielt den Plan für genauso boshaft und zynisch, wie sie es haben wollte. Sie ging mit Ernst an die Sache heran und folgte den Anweisungen genau.

Nach drei Wochen sprach sie wie verabredet noch einmal beim Psychiater vor.

‚Nun, hat alles geklappt?' wollte er wissen.

‚Ja, ich habe ihn mit Liebe und Güte bedacht, seit ich Ihren Behandlungsraum verließ', antwortete sie.

‚Gut, und wann würde es Ihnen am besten passen, ihn zu verlassen?'

‚Ihn verlassen? Warum sollte ich? Daran denke ich im Traum nicht mehr. Keine Minute. Ich liebe ihn. Ich habe ihn noch nie so sehr wie jetzt geliebt.'" (Carsten Johnson, „Man the Indivisible", Seiten 58. 59.)

Carsten Johnson, Doktor der Philosophie und Theologie, erklärt dazu, daß er nicht alle Einzelheiten wirklichkeitsgetreu berichten könne, und weist darauf hin, daß dieses Erlebnis kennzeichnend für eine Unzahl ähnlicher Erfahrungen sei.

Gutes Statt Böses

Die unerschöpflichen Ratschläge Salomos brachten ihm den Ruf ein, ein weiser Mann zu sein. Lesen wir sie sorgfältig, bemerken wir, daß die meisten auf gesundem Menschenverstand beruhen: „Eine versöhnliche Antwort kühlt den Zorn ab, ein verletzendes Wort heizt ihn an." (Sprüche 15, 1, Die Gute Nachricht.) Die Zeit beeinträchtigte die Aussagekraft dieser Worte in keiner Weise. Versöhnliche Worte können in zwischenmenschlichen Beziehungen Wunder wirken, während verletzende Worte kränkende Antworten verursachen.

Von Natur aus fällt es uns schwer, Beleidigungen zu übergehen und uns nicht zur Wehr zu setzen, wenn uns jemand weh tun möchte. Wir sollten uns selbstverständlich nicht zum Fußabtreter für jeden Dahergelaufenen machen lassen.

Eine Frau betrieb ein kleines Hotel in einer Provinzstadt. Eines Tages erhielt sie einen Anruf: „Was kostet eine Übernachtung in Ihrem kleinen Schweinestall?"

Ihre rasche Antwort lautete: „Sieben Dollar für das erste Schwein und drei Dollar pro weiteres Schwein im selben Zimmer. Wieviel Schweine gehören zu Ihrer Gruppe?"

Nicht alle von uns finden im passenden Moment eine so schlagfertige Erwiderung auf eine beleidigende Anfrage. Die richtige Erwiderung fällt uns oft erst ein, wenn es zu spät ist. Doch was haben wir eigentlich davon, wenn wir Kränkungen zurückgeben, und sei es auch auf eine witzige Art?

Bei unseren täglichen Kontakten mit anderen sollten wir uns stets daran erinnern, daß keiner vollkommen ist. Jeder von uns besitzt neben Stärken unerwünschte Schwächen. Suchen wir das Gute im anderen, dann fördern wir nicht nur das Gute in ihm, sondern auch in uns.

Der Verfasser folgender Worte ist unbekannt, doch er fügt all diese Gedanken zu Sprüche 15, 1:

Ein bißchen mehr Zärtlichkeit,
ein bißchen weniger Grundsätze.
Ein bißchen mehr Geben,
ein bißchen weniger Verlangen.
Ein bißchen mehr wir,
ein bißchen weniger ich.
Ein bißchen mehr Lachen,
ein bißchen weniger Weinen.
Ein bißchen mehr Blumen,
um die Lebenslast zu erleichtern,
und weniger auf Gräbern
am Ende der Straße.

Die Jungen und die Alten

9

Schöne junge Menschen sind eine Schöpfung der Natur. Schöne alte Menschen schaffen sich selbst.

Die Meinung der älteren Generation gegenüber der jüngeren hat sich im Laufe der Jahrhunderte kaum gewandelt. So scheint es jedenfalls, urteilt man nach den Klagen, die in einem der ältesten Bücher der Welt, den Lehren des *Ptahotep,* zu finden sind:

„In diesen schrecklichen Zeiten hat die Jugend das ehrenhafte und achtbare Verhalten vergessen, das von ihren Vorvätern gepflegt wurde. Die jungen Männer fahren mit ihren Wagen tollkühn durch die Straßen der Stadt ohne jegliche Rücksicht auf Leib oder Leben. Unsere eitlen jungen Frauen malen sich die Gesichter an, schwärzen die Augenbrauen und färben die Fingernägel bunt. Jeder von ihnen vergißt den Respekt vor Alter und Weisheit und die Ehre, die sie grauen Haaren gegenüber erweisen sollten."

Und was die Jüngeren über die Älteren denken, hängt in hohem Maße von ihrem eigenen Alter ab. Jemand drückte es so aus:

„Der Achtjährige denkt: ,Mein Vater ist unheimlich klug.'

Der Vierzehnjährige: ,Mein Vater ist nicht ganz so klug, wie ich dachte. Er weiß auch nicht alles.'

Der Achtzehnjährige: ,Mein Vater weiß nicht sonderlich viel. Ich weiß mehr als er.'

Der Fünfundzwanzigjährige: ,Mein Vater ist altmodisch. Er versteht weder mich noch die Zeit, in der wir leben.'

Der Dreißigjährige: ‚Vielleicht hat mein Vater in einigen Punkten doch recht.'

Der Vierzigjährige: ‚Jetzt verstehe ich meinen Vater. Seine Grundsätze waren gut.'"

Auch in der Bibel entdecken wir diese Mißverständnisse zwischen jung und alt. Im Buch Hiob, das als eines der frühesten der Bibel geschätzt wird, sagte ein junger Mann, Elihu, zu dem leidenden Hiob: „Ich bin noch jung, bin nicht so alt wie ihr; drum hielt ich mich zurück und scheute mich, mein Wissen vor euch Männern auszubreiten. Ich sagte mir: ‚Erst soll das Alter reden, Erfahrung langer Jahre hat den Vortritt.' Doch was den Menschen klug macht, ist der Geist, der Hauch, den Gott ihm eingeblasen hat. Ob einer weise ist, liegt nicht am Alter; was recht ist, weiß man nicht aufgrund der Jahre. Deswegen sage ich nun: Hört mir zu, damit auch ich mein Wissen weitergebe." (Hiob 32, 6—10, Die Gute Nachricht.)

In den Klageliedern Jeremias finden wir verschiedentlich den Tadel, daß den Alten keine Achtung mehr gezollt wird (Klagelieder 4, 16; 5, 12). Jesaja bedauert, daß sich die jungen Leute gegen die Autorität der Alten auflehnen (Jesaja 3, 5). Offensichtlich ist der Generationenkonflikt nicht neu; man hat dafür nur neue Begriffe.

Gesteigerte Spannung

Zur Zeit der Römer betrug die Lebenserwartung nur 18 Jahre. Im 17. Jahrhundert lag sie in Europa um 25 Jahre. In den USA kann ein Mädchen heute erwarten,

77 Jahre alt zu werden, ein Junge 69. Während um die Jahrhundertwende eine von 25 Personen erwarten konnte, 65 Jahre oder älter zu werden, ist es heute eine von neun Personen. Diese Erscheinung beschränkt sich nicht auf die USA. Ein Bericht der Vereinten Nationen weist darauf hin, daß sich die Zahl der Menschen auf der Welt, die 60 oder älter sind, zwischen 1970 und dem Ende des Jahrhunderts verdoppelt haben wird.

Die raschen Veränderungen heutzutage lassen das Wissen und die Information innerhalb kurzer Zeit überholt sein. Materielle Dinge vergehen schnell. Neue Erfindungen, neue Techniken und neue Werkstoffe ändern Einstellung und Lebensstil mit rasender Geschwindigkeit. Der Prophet Daniel hatte recht, wenn er sagte: „Viele werden suchend umherstreifen, und der Wissensdurst wird groß sein." (Daniel 12, 4, Pattloch.)

Es ist schon für junge Menschen, die offen für neue Ideen und Lebensweisen sind, schwierig, sich an die heutige Welt anzupassen. Für die ältere Generation ist es vielfach noch mühsamer; denn sie neigt von Natur aus dazu, konservativ zu denken. Der steigende Anteil älterer Bürger und die raschen Veränderungen in unserer Gesellschaft bewirken einen stärkeren Generationenkonflikt als in vorherigen Jahrhunderten.

In unserer Gesellschaft findet man die Tendenz, die älteren Menschen herabzuwürdigen. Das kommt daher, weil man den Wert einer Person danach bemißt, was sie leisten kann. Der christliche Humanismus hingegen würdigt den Menschen für das, was er ist, und nicht für das, was er tut. Man behauptet, ein Staat könne daran gemessen werden, wie gut oder schlecht er für seine älteren Bürger sorgt.

Schwierigkeiten für die Älteren

In der Geschichte eines Mannes namens *Andersen* beschrieb der Schriftsteller *Oscar Braten* sehr anschaulich, wie hart es sein kann, mit der Wirklichkeit des Alterns zu Rande zu kommen. Seit *Andersen* denken konnte, hatte er in der Fabrik gearbeitet; und nach all der Zeit war er so mit seiner Tätigkeit verbunden, daß es eine Katastrophe für ihn war, als er aufhören mußte.

Wer Gelegenheit gehabt hatte, ihn seine Arbeitsjahre hindurch zu beobachten, hätte nicht gedacht, daß er so reagieren würde. Jeden Morgen, wenn er vor dem Morgengrauen aufstehen mußte, bemitleidete er sich selbst. Wie gerne hätte er ein wenig länger geschlafen! Auf seinem Weg zur Arbeit hätte man ihn vor sich hinbrummen hören und die Fehler einer Gesellschaft beklagen, in der ältere Leute wie er immer noch so hart arbeiten müßten und noch nicht den wohlverdienten Ruhestand genießen dürften.

Eines Tages rief ihn der Chef und teilte ihm mit, daß er von nun an nicht mehr arbeiten müßte. Jetzt konnte er jeden Morgen ausschlafen und bekam genug Geld, um davon zu leben. Doch statt daß ihn das glücklich machte, verzweifelte er. Am nächsten Tag stand er zur gewohnten Zeit auf. Er wollte seiner Frau nicht erzählen, daß er nicht mehr zur Arbeit in die Fabrik zu gehen brauchte.

Sein ganzes Leben als Erwachsener hatte er sich abgequält, etwas herzustellen, einen Platz auszufüllen, um seine eigene Wichtigkeit zu beweisen. Und nun sollte er plötzlich, weil er die Altersgrenze erreicht hatte, alles aufgeben? Das war fast mehr, als er ertragen konnte.

Dabei geht es ihm nicht allein so. Tausende fühlen wie er, wenn sie ihre berufliche Tätigkeit, besonders aber, wenn sie ihr Heim aufgeben sollen. Da rührte mich die Bitte eines alten Menschen:

„Ich bin Bewohner eines Altenheims. Ich bin ein Mensch, der während seiner aktiven Lebensjahre mitgeholfen hat, für seine und die nachfolgenden Generationen einen annehmbaren Platz in der Gesellschaft zu schaffen.

Ich möchte gerne mit Achtung und Würde behandelt werden, ebenso wie ich immer versucht habe, anderen zu begegnen.

Über all die Jahre hinweg war und bin ich für viele Menschen da gewesen — für meine Frau, meine Mutter, meinen Vater, meine Tochter, meinen Sohn, meine zahlreichen Freunde.

Die vergangenen Jahre sind rauh mit mir umgesprungen. Bitte haben Sie Nachsicht, wenn ich nicht gut sehe, nicht gut höre, beim Essen kleckere, ungeduldig bin. Ich brauche oft Hilfe. Ich bin schlecht gelaunt, auch wenn ich's nicht möchte.

Ich könnte dein Vater, dein Großvater sein. Eines Tages wirst du vielleicht wie ich sein. Ein bißchen Nettigkeit, besänftigende Worte und etwas Anerkennung, die zeigen, daß ich immer noch ein Mensch und kein Ding bin — das ist alles, was ich von dir erbitte."

Sie kennen den Weg

Etwas Spannung zwischen jung und alt ist natürlich. Doch einerseits mangelt es häufig an Verständnis und Über-den-Dingen-Stehen, andererseits gibt es zuviel

Sturheit und konservatives Verhalten. *Philipp Brooks* traf mit seinem Ausspruch den Nagel auf den Kopf: „Viele junge Menschen achten nicht auf andere, weil sie denken, sie können allein erreichen, was sie sein wollen. Viele alte Menschen sind hoffnungslos, weil sie meinen, es sei unmöglich, anders zu sein, als sie sind. Beide haben unrecht."

Jugendliche können nicht immer werden, was sie werden möchten. Wenn sie denen zuhören würden, die den Weg vor ihnen gegangen sind, wäre das sehr hilfreich.

In dem alten nordischen Gedicht „Hvåvamål" finden wir die weisen Worte: „Lache niemals über Graubärte, sie äußern oft gute Worte, und weise Ratschläge kommen von runzliger Haut."

Eine Aufgabe der jungen Aushilfskraft auf einem Bauernhof war, täglich die zwanzig Schweine zu füttern. Manchmal ließ er das Futter zu lange auf dem Herd, bis es fast kochte. Wenn er das heiße Fressen in den Trog schüttete, rannten die Schweine herbei und stießen sich gegenseitig, um erster zu sein. Der Sieger wartete nie auf die anderen, sondern stürzte sich sofort auf das Futter — die Schnauze in den Trog. Doch genauso schnell war der Kopf wieder oben — mit verbrühter Schnauze. Die nächsten Minuten ging es hoch her. Man könnte annehmen, daß die Schweine aus der Erfahrung des ersten lernten, aber keineswegs. Jedes einzelne verbrühte sich seine Schnauze am heißen Futter.

„Typisch Schweineverhalten!" höre ich jemanden sagen. Warum sollten wir sie dann nachahmen? Warum können wir nicht aus den Erfahrungen lernen, die andere vor uns gemacht haben und über die sie uns Auskunft zu geben bereit sind?

Jeder erfahrene Autofahrer weiß, daß man regelmä-
ßig in den Rückspiegel sehen muß, um zu wissen, was
von hinten kommt. Ältere Menschen sind wie dieser
Spiegel. Auch wenn einige Dinge mittlerweile neu
und anders geworden sind, ändern sich die Lebensgrundsätze nicht wesentlich von einer Generation zur
anderen.

Die Älteren sind eine wichtige Macht in unserer
Gesellschaft. Sie haben Muße, Zeitungen und Zeitschriften zu lesen und die politische und soziale
Entwicklung zu verfolgen. So sind viele von ihnen gut
informiert. Manche haben ausreichende Mittel zur
Verfügung und die Fähigkeit, schöpferisch tätig zu
sein. Oft sind sie aus diesem Grunde der Rückhalt des
religiösen, kulturellen und moralischen Lebens einer
Gesellschaft.

Die Weite des Gesichtskreises und die Erfahrung
eines langen Lebens können nicht hoch genug geschätzt werden. Die Weisheit und Reife, die sich viele
von ihnen — oft durch schmerzliche Fehlschläge und
bittere Versuchungen — erworben haben, können
Schätze für die Nachfolgenden sein, soweit diese
bereit sind, davon zu lernen.

Vorzüge der Jugend

Zum anderen aber sollten die Älteren nicht den
Wert der Jugend unterschätzen. Der weltberühmte
Erfinder, Menschenfreund und Multimillionär *Charles
Kettering* hatte immer gewaltige Versuchsprojekte in
seinen Labors und Werkstätten laufen. Er wußte sich
die Talente der jungen Menschen zunutze zu machen.
Er sagte: „Ich will nicht, daß erfahrene Männer für

mich arbeiten. Ein Mann mit Erfahrung erklärt mir andauernd, warum dies oder jenes nicht gehen kann. Er ist klug. Er ist intelligent. Er weiß die Antworten. Doch der ohne Erfahrung ist dumm genug, nicht zu wissen, daß es unmöglich ist, diese Sache zu schaffen. Und dann geht er hin und macht es!"

Das erinnert mich an das, was ich über eine Hummel las. Vom wissenschaftlichen und technischen Standpunkt aus sei sie nicht in der Lage zu fliegen. Die Größe der Flügel widerspricht dem Gewicht des Körpers. Die Hummel ist sich jedoch der Tatsache, daß sie eigentlich nicht fliegen könne, nicht bewußt — und fliegt!

Jene Sorte Mensch, die in Unwissenheit Sachen vollbringt, die eigentlich unmöglich sind, wird überall gebraucht: zu Hause, in der Fabrik, in der Küche — überall, wo Tausende von Dingen auf junge Initiative und Mut warten.

In Milford, Connecticut, war die 117 Jahre alte Kirchturmuhr zehn Jahre lang außer Betrieb. Als sich der Kirchenvorstand endlich versammelte, um die Reparatur zu besprechen, wurde ein Ausschuß benannt, der die Kosten herausfinden sollte. Die Beauftragten fanden schließlich nach langem Suchen einen Mann, der die Uhr für 1000 Dollar instandsetzen wollte.

Während die Ausschußmitglieder noch erörterten, wie man das Geld aufbringen könne, stieg ein fünfzehnjähriger Junge den Kirchturm hinauf und begutachtete den Schaden. Dann kaufte er für 25 Cent die notwendigen Ersatzteile und behob mit einer Pinzette und einem Kännchen Öl den zehn Jahre alten Schaden an der Uhr.

Auf der ganzen Welt gibt es noch genug Freiraum

für solchen Ideenreichtum. Dazu fällt mir noch die ergötzliche Geschichte eines jungen Farmers in Wisconsin ein. Der Farmer hatte die Nase voll davon, jeden Abend seine Kühe zum Melken nach Hause zu treiben. Ja, sein Vater und Großvater hatten das auch so gemacht, aber . . . Da hatte er d i e Idee? Er hängte der Leitkuh ein Pieptongerät um den Hals und brachte ihr bei, darauf zu reagieren.

Von dieser Zeit an hob er einfach den Telefonhörer ab und wählte eine bestimmte Nummer, wenn er wollte, daß die Kühe heimkehren sollten. Wenn er dann losging und den Stall erreichte, trafen die Kühe gerade ein.

Das Triebwerk und der Pendel

Ein Grund für die Reibungen zwischen den Generationen ist die Meinung, jede Veränderung sei rückwärts gerichtet und jede unterschiedliche Auffassung schlecht. Wir denken meist, daß es nur so richtig ist, wie wir es machen. Das ist eine gewisse Selbstüberschätzung, die zu Spannungen mit allen führt, die Neues probieren wollen.

Jetzt denken sicher viele, sie selbst seien zu verständnisvoll, um solche Ansichten zu hegen. Aber in Wahrheit hegt jeder Vorurteile in irgendeiner Weise. Sobald uns das vorgehalten wird, versuchen wir eine verstandesmäßige Rechtfertigung und nennen es einen Grundsatz. Ein Mensch ändert sich gewöhnlich nur dann, wenn er seine Vorurteile entdeckt. Wenn wir merken, daß wir mit Gebräuchen und Verhaltensweisen einer anderen Generation nicht übereinstimmen, wäre es klug, herauszufinden, ob das deshalb so ist, weil sie ungewohnt sind, oder ob sie nicht mit unserem persönlichen Standpunkt übereinstimmen. Ob ich jung oder alt bin, darauf kommt es nicht an; wichtig ist, was ich aus dem Leben gelernt habe.

Heute brauchen sich die verschiedenen Generationen mehr als je zuvor. Die jungen Menschen sind wie das Triebwerk einer Uhr und die alten wie der Pendel. Ohne Pendel spielt das Triebwerk verrückt. Ohne Triebwerk ist der Pendel hilflos.

MACH MEHR
AUS DEINEM LEBEN

Wenn das Herz in Ordnung ist

10

Behüte dein Herz mit allem Fleiß, denn
daraus quillt das Leben.　　　Sprüche 4, 23

Ein Mann war auf einen Schlag steinreich geworden, und so mietete er sich in einem Luxusapartment
ein. Als er eingezogen war, setzte er sich mit der
Zeitansage in Verbindung und bat darum, jeden
Morgen um fünf Uhr geweckt zu werden. Und jeden
Morgen, wenn das Telefon um Punkt fünf Uhr läutete,
hob er den Hörer ab und murmelte schlaftrunken:
„Vielen Dank, aber ich brauche nicht so früh aufzustehen!" Damit drehte er sich befriedigt um und
schlief wieder ein.

Man muß nicht so weit gehen wie dieser Mann,
doch es zahlt sich aus, sich bewußt zu machen,
welche Vorteile unsere gegenwärtige Lage bedeutet.
Tatsächlich fällt es vielen Menschen schwer, sich
gerade an dem zu erfreuen, was das Leben im
Augenblick bietet.

Können wir uns noch recht deutlich an unsere
Kindheit erinnern, wie wir uns damals danach sehn-
ten, erwachsen zu sein, damit wir alles selbst entscheiden könnten? Als Teenager wollten wir älter sein,
um die Vorteile des Erwachsenseins zu genießen. Und
wenn die Menschen dann älter werden, schauen sie
auf jene Jahre zurück, als ihr Körper stark, ihre Haut
weich und glatt, das Haar kräftig und schimmernd
war, und denken: Es waren glückliche Jahre! Glauben
wir das etwa nicht? Dann hören wir nur einmal den

Jugendlichen zu, wie sie von ihren Zukunftsträumen schwärmen, und den Älteren, wie sie außerordentlich begeistert die herrlichen „goldenen Jahren" ihres Lebens preisen!

Sieht man die Erinnerungen aus der richtigen Perspektive, können sie Freude und Kraft für die Gegenwart verleihen. Unsere eigenen früheren Erfahrungen und die anderer Menschen können uns jetzt und heute leiten und anregen. Als der biblische Held David die härteste Prüfung seines jungen Lebens zu bestehen hatte, ermutigten ihn seine bisherigen Erlebnisse. Dem Riesen Goliath ins Gesicht blickend sagte er: „Der Herr, der mich von dem Löwen und Bären errettet hat, der wird mich auch erretten von diesem Philister." (1. Samuel 17, 37.)

Die Weisheit eines ganzen Lebens verbirgt sich hinter folgenden Worten: „Vergiß frühere Siege, wenn sie dich stolz machen. Erinnere dich an sie, wenn sie dich stärken. Vergiß frühere Niederlagen, wenn du zum Handeln aufgefordert wirst. Erinnere dich an sie, wenn du in der Gefahr stehst, zu prahlen."

Manchmal sollten wir für die Zukunft planen. Jede Entdeckung oder Erfindung, jede Verbesserung im menschlichen Leben folgte daraus, daß jemand von besseren Dingen träumte. Für Christen ist diese Tatsache eine Grundlage ihrer Lebensphilosophie. Eine starke, treibende Kraft hinter der über die ganze Erde verstreuten Christenheit ist die segensreiche Hoffnung auf eine neue Weltordnung durch den wiederkommenden Jesus.

Die Römer bewiesen ihr tiefes Verständnis der menschlichen Natur, als sie den Janus ersannen, den Gott mit den zwei Gesichtern, von denen eines nach vorne und eines nach hinten sah. Doch wenn die

Erinnerungen an die Vergangenheit und die Zukunfts-
träume uns davon abhalten, das Leben heute voll
auszukosten, lassen wir uns damit viele Freuden
entgehen.

Suche nach wahren Werten

Die raschen Veränderungen unserer Zeit und die
daraus entspringende Verworrenheit erschweren es,
wahre von falschen Werten zu unterscheiden. Doch
offensichtlich brauchen wir etwas, auf das wir uns
verlassen können, etwas, das sich in den Prüfungen
der Zeiten bewährt hat, etwas, an das zu glauben sich
lohnt. Das bedeutet: Wir müssen eine Macht außer
und über uns entdecken.

Es ist ermutigend, daß diese Ansicht nicht nur bei
führenden Denkern Fuß faßt, sondern auch bei jungen
Menschen. Als ein Sozialexperte vor kurzem nach
dem Grund für die heutige Gewaltausübung und
Ruhelosigkeit befragt wurde, antwortete er, daß die
Leute durch das ungehemmte Ausleben ihrer Freiheit
immer deutlicher erfahren, wie sich das persönliche
Glück verflüchtigt. Weiter beschreibt er Menschen, in
denen sich unwahrscheinlich viel Verdruß und Ärger
gegen die Gesellschaft aufgestaut hat.

„Welchen Grund sie auch immer nennen, nach
meiner Meinung ist es der entscheidende, daß die
Gesellschaft ihrem Leben keinen Sinn gegeben hat, so
wie es die Religion in der Vergangenheit tat." Und er
schließt mit dem ab, was er als wichtigen Lösungs-
schritt ansieht: „Die Kirchen müssen den Menschen
etwas geben, woran sie glauben können. Ein Grund
für die Zunahme der Kulte ist, daß die traditionellen

Kirchen so schwach geworden sind. Die Leute verlangen mehr, und es liegt an den Kirchen, ob sie bedeutungsvoller für die Menschen werden. Wir haben die Aufgabe, anderen zu helfen, eine persönliche Hoffnung im Leben zu gewinnen, die es sinnvoll macht." (U. S. News and World Report.)

Der frühere Polizeichef von Los Angeles meinte dasselbe, wenn er von schlüssigen Beweisgründen spricht, die zeigen, daß junge Leute „zu den Tugenden und soliden Werten ihrer Großeltern zurückkehren. Sie sind es müde, auf Treibsand zu laufen, sie wollen ihr Leben auf Felsen gründen." („Listen", Februar 1978.)

Was sind diese wahren Werte? Ein wohlhabender Londoner Geschäftsmann setzte eine Anzeige in die Zeitung. Er bot demjenigen 10 000 Pfund Sterling, der vier wünschenswerte Dinge aufzählen konnte, die man nicht für Geld kaufen konnte. Der Gewinner hatte folgende Lösung eingeschickt:

1. Das Lächeln eines Kindes
2. Die verflossene Jugendzeit
3. Die Liebe eines guten Menschen
4. Den Zugang zum Himmel nach dem Leben

Wahrscheinlich könnte die Liste endlos fortgesetzt werden. Die schönsten und nachhaltigsten Freuden, die das Leben gewährt, beruhen nicht unbedingt auf Geld. Man kann ein wunderschönes Haus kaufen, aber kein glückliches Heim. Mit viel Geld kann man eine ansprechende Kirche kaufen, aber keine liebenden Gläubigen. Man kann Bücher über gepflegte Umgangsformen kaufen, aber kein liebenswertes Wesen. Reichtümer sind keine Garantie für eine geachtete Persönlichkeit, für inneren Frieden oder eine tadellose Lebensführung. Diese zeitlosen Werte werden entwickelt, wenn man seinen Willen umsichtig einsetzt, und wenn man sein Leben einer höheren Macht anvertraut, welche mehr als ein Mensch vermag.

Ein älteres Ehepaar hatte lange Zeit einen Tante-Emma-Laden in einem Dorf in Neuengland betrieben. Als sie des täglichen Einerleis müde waren, hängte der Mann ein Schild ins Schaufenster: „Zu verkaufen!"

„Weißt du, Mutter", sagte er, „vielleicht kommt ein Junger an mit mehr Geld als Verstand und kauft unser Geschäft. Dann können wir beide nach Florida ziehen und uns zur Abwechslung einmal ein schönes Leben machen." Die Wochen verstrichen — kein Käufer meldete sich.

Eines Morgens erschien ein Fremder im Dorf. Er trug eine Staffelei und hatte einen Malerkittel an. Er betrat den Laden und fragte: „Hätten Sie etwas dagegen, wenn ich ein Bild von Ihrem Geschäft male?"

„Nein, nur zu!" entgegnete der alte Mann. „Auch wenn ich hier nichts entdecken kann, das wert ist, gemalt zu werden."

Der Fremde stellte seine Leinwand auf der gegenüberliegenden Seite auf und arbeitete fleißig den ganzen Tag. Genauso am nächsten Tag. Am folgenden Tag kam er in den Laden und zeichnete einige Skizzen in seinen Malblock.

Einige Wochen später kehrte der Maler noch einmal zurück. Er überreichte dem alten Paar Karten für eine Kunstausstellung in einer nahen Stadt. Dem alten Mann drückte er noch Geld für die Busfahrt in die Hand. Der Alte hielt alles für ausgemachten Blödsinn, doch zum Schluß ließ er sich von seiner Frau überreden, auch dorthin zu fahren.

So sah man dann die zwei Alten etwas verwirrt durch die Galerie wandern. Plötzlich blieb der Mann vor einem Bild stehen und rief aus: „Mutter, das ist ja unser Laden!" Sie traten näher heran und betrachteten das Gemälde in ehrfürchtiger Stille. „Ich habe nie bemerkt, daß die großen Ulmen unser Haus so schön einrahmen", meinte er.

„Und ich wußte nicht, daß die Fensterscheiben so blitzen!" fügte sie hinzu.

Schließlich rissen sie sich von dem Bild los, um den Rest der Ausstellung zu sehen; sie wurden jedoch immer wieder von *ihrem* Gemälde wie von einem Magneten angezogen. Nachdem sie es lange angeschaut hatten, legte der Mann den Arm um seine Frau und sagte: „Laß uns heimgehen, Mutter. Sogar die Fensterscheiben sind wunderschön, wenn das Herz am rechten Fleck ist." Zu Hause angekommen, nahmen sie sogleich das Schild „Zu verkaufen!" aus dem Fenster.

Wenn das Herz am rechten Fleck ist, sehen die Dinge völlig anders aus. Ein Leprakranker lag in einer Hängematte, die zwischen zwei Palmen aufgespannt war. Er schaukelte leicht in der afrikanischen Brise hin und her. Sein Alter war kaum schätzbar. Statt Fingern und Zehen besaß er nur noch Stümpfe, und die Krankheit hatte sein Gesicht entstellt. Doch seine ganze Erscheinung strahlte Freude aus.

„Sind Sie glücklich?" fragte ihn ein Besucher der Kolonie.

„Ja, ich bin sehr glücklich."

„Aber Sie müssen doch unter Ihrer Krankheit sehr leiden und am Sinn des Lebens verzweifeln. Ihr Gesicht und Ihre Hände sind stark von der Krankheit befallen."

„Das stimmt, trotzdem bin ich glücklich. Ich bin Christ, wissen Sie."

Diese wahre Begebenheit erinnert mich an eine andere, die ich in Washington selbst erlebt habe. Ich traf dort häufig einen behinderten Mann. Er hatte beide Beine bei einem Autounfall verloren. Sie wurden ihm weit oben abgenommen, so daß ihm nur noch zwei kurze Stümpfe blieben. Mit einem selbstgebastelten Gefährt — es war nur eine Platte mit vier Rädern darunter — schaffte er es, überallhin zu kommen. Er steuerte es mit Hilfe eines Stückes Holz die Fußgängerwege der Hauptstadt entlang.

Eines Morgens beobachtete ich, wie er sich auf den Gehweg hob, nachdem er die Straße überquert hatte. Ich hielt an, um ein paar Worte mit ihm zu wechseln. Wenn sich seitdem unsere Wege kreuzten, grüßte er mich jedes Mal mit einem freundlichen Lächeln. Nicht einmal habe ich ihn schlecht gelaunt erlebt.

Ich war damals selbst nur ein armer Student, und der Umgang mit diesem mutigen Mann zeigte mir, wie reich ich in Wirklichkeit war. Mir fehlten keine Gliedmaßen. Ich konnte laufen und rennen. Ich hatte tausend andere Dinge, für die ich dankbar sein konnte. Wenn dieser behinderte Mann mich so fröhlich grüßen konnte, wie könnte ich da über meine geringfügigen Schwierigkeiten klagen?

Wahre Werte können nicht an materiellem Besitz gemessen werden. Wieviel würden wir denn für unsere Augen, unsere Hände und Beine ausgeben? Reichten zwei Millionen Mark aus? Wir besitzen noch andere Schätze. Denken wir nur an unsere Lieben, an unsere Hoffnungen, unseren Glauben, unser Leben. Es kommt tatsächlich sehr darauf an, ob unser Herz am rechten Fleck ist.

Richtige Freude finden

Manche Menschen sind tatsächlich die reinsten Pechvögel. Sie fassen in jede Nessel in der Hecke und treten auf jede Schlange in der Wiese! Ein chinesisches Sprichwort stimmt damit überein, wenn es sagt: „Obwohl das Leben eines Menschen nur hundert Jahre kurz ist, macht er sich selbst so viele Sorgen, als lebe er tausend Jahre lang."

Der berühmte englisch-irische Schriftsteller *George Bernard Shaw* drückte seine Ansichten über wahre Freude so aus: „Dies ist wahre Freude im Leben: für einen Zweck im Leben benutzt werden, den man selbst als wichtig anerkennt; ein Leben geführt haben, das gründlich genutzt wurde, bevor man es zum Schrott warf; ein Wesen sein, das eine Kraft der Natur ist, statt eines fiebrigen Erdklumpens voller Unpäßlichkeiten und Groll, der sich beschwert, daß die Welt sich nicht dazu hergibt, es glücklich zu machen."

Jeder nimmt sich vor, gewisse Dinge zu erledigen, sobald es seine Pläne erlauben oder er „mehr Zeit hat". Diese letzten drei Worte können sehr irreführend sein. Damit versuchen wir uns und anderen einzureden, daß wir in der Zukunft mehr Zeit haben werden. Aber wenn wir heute nicht imstande sind, Zeit für Wichtiges zu erübrigen, können wir es in Zukunft auch nicht.

Statt sich auf eine solche Täuschung einzulassen, ist es sinnvoller, die Zeit, die wir jetzt haben, sorgfältig einzuteilen, damit Raum für Dinge bleibt, die uns jetzt erfreuen. Es gibt so vieles zu sehen und zu genießen, wenn das „Herz" in Ordnung ist. Wir brauchen nicht umzuziehen, ins Ausland zu reisen oder vor allem wegzulaufen, um die großen Werte im Leben zu finden; denn die Probleme liegen weniger in unserer Umgebung als in uns selbst. Die längste Reise der Welt kann uns von uns selbst wegführen.

Viel wichtiger als ein „Tapetenwechsel" ist eine Gesinnungsänderung. Könnte das der Weise im Sinn gehabt haben, als er sagte: „Behüte dein Herz mit allem Fleiß, denn daraus quillt das Leben" (Sprüche 4, 23)? Zu oft richten wir unsere Aufmerksamkeit nur auf die äußere Umgebung und vergessen darüber, daß unsere Gesinnung für das Gelingen unseres Leben den Ausschlag gibt.

Die köstlichste, feinfühlendste aller Freuden besteht darin, die Freude in anderen zu wecken.
                                    Bruyere

Ein Mann, noch jung an Jahren, doch bereits erfahren im Leiden, suchte völlig verzweifelt Hilfe in einer psychiatrischen Klinik. Verdauungsstörungen, Schwindelgefühl und übermäßiges Schwitzen belasteten ihn sehr. Auch nach ausführlichen Untersuchungen hatten die Ärzte bis dahin keine körperlichen Ursachen für seine Krankheit feststellen können.

In der psychiatrischen Klinik kamen sie bald zur Wurzel seiner Leiden — ein starkes Schuldbewußtsein. Er hatte seinen Eltern durch sein Verhalten viel Kummer zugefügt, besonders seit er Drogen nahm und Alkohol trank. Schon während er dieses ausschweifende Leben führte, wußte er, daß er falsch handelte, und er wollte bei seinen Eltern alles wiedergutmachen — später.

Auf Jahre hinaus beruhigte er sein Gewissen damit, welch herrliche Überraschung er seinen Eltern irgendwann in der Zukunft bereiten würde. Er wollte ihnen ein wunderschönes Haus bauen, er wollte sie auf seine Kosten in Urlaub schicken und dafür sorgen, daß sie alle Bequemlichkeiten der Welt hätten. Das wäre ihre Belohnung für alles, was sie für ihn getan und gelitten hatten.

Doch der Tag, von dem er träumte, brach nie an. Seine Eltern starben, bevor er seine hochfliegenden

Pläne in die Tat umsetzen konnte. Nun war er allein, und die Gewissensbisse quälten ihn so, daß seine Gesundheit gefährdet war.

Die Erfahrung des jungen Mannes taucht, in abgewandelter Form, sehr häufig in Arztberichten auf. In einem seiner Bücher geht der amerikanische Arzt Dr. *S. J. McMillen* der Frage nach, wieviel Prozent der Patienten eines praktischen Arztes an Symptomen und Krankheiten leiden, die durch seelische Konflikte hervorgerufen wurden. Er zitiert maßgebliche Quellen, nach denen zwei Drittel der Menschen, die einen Arzt aufsuchen, an Symptomen leiden, die auf seelischem Stress beruhen oder dadurch verschlimmert werden.

Das Schuldgefühl kann zur großen Belastung werden, wenn es daher rührt, daß wir unseren Freunden und nächsten Verwandten kein echtes Interesse an ihrem Wohlergehen entgegenbringen. Menschen, die von ihren Nächsten keine Liebe empfangen, fehlt viel; doch denen, die sie zurückhalten, fehlt mehr.

Heutige Gelegenheiten

Viel Weisheit steckt in den Worten *Stephen Grellets:* „Ich erwarte nicht öfter als einmal durch diese Welt zu gehen. Jede gute Tat oder jede Freundlichkeit, die ich daher irgendeinem Mitmenschen erweisen kann, laß mich heute tun! Laß sie mich nicht vertagen oder übersehen, weil ich nie wieder auf diesem Weg gehen werde!"

Täglich lassen sich Tausende goldene Gelegenheiten durch die Finger gleiten, die das Leben für sie selbst und andere leichter und heller machen könnten. Es sind nicht nur Herrscher, Politiker oder Reiche, die sich dieser Versäumnisse schuldig machen. Meist sind es Menschen wie du und ich — Ehemänner und Ehefrauen, Brüder und Schwestern, Eltern und Kinder und Nachbarn —, die jene kleinen Liebenswürdigkeiten unterlassen, die dem anderen zeigen, daß man sich um ihn bemüht.

Manchmal lassen wir uns solche Gelegenheiten entgehen, weil das, was wir jetzt tun können, gering erscheint neben dem, was wir in der Zukunft leisten wollen. Und so versäumen wir es, kleine Geschenke und Aufmerksamkeiten weiterzugeben, bis wir keine Möglichkeit mehr dazu haben.

Ein alter Erzieher sagte einmal: „Als ich Student an der Universität war, hatte ich einen Freund, der mich stark beeinflußte. Er war so ehrlich, verläßlich, verstehend und hilfreich, daß er mich anspornte, die gleiche Wesensart zu entwickeln. Jeden Tag danke ich für die guten Grundsätze, die er in mir wachrief, und in meinen Vorlesungen vor Studenten betone ich oft, wieviel er mir bedeutete. Doch *ihm* sagte ich das nie. Nun ist es zu spät. Er ist tot."

Ein Dankbrief

Als wir eine Liste für die Weihnachtspost aufstellten, erinnerte sich meine Frau auf einmal ihres früheren Lehrers aus dem kleinen Dorf, in dem sie aufgewachsen war. Noch heute entsann sie sich seiner Liebe zur Arbeit und auch daran, daß alle Kinder dieser Ein-Raum-Schule sich dessen bewußt waren. Als er nämlich herausfand, daß die Kinder der Familie meiner Frau aus religiöser Überzeugung einen

Tag in der Woche fehlten, änderte er den Stundenplan so, daß sie nichts Wichtiges verpaßten. Auf diese und andere Weise bewies er sein Interesse und seine Sorge für jeden einzelnen seiner Schüler.

„Ich habe ihm nie gedankt", meinte meine Frau. Sie setzte sich hin und schrieb einen Brief voll ehrlicher und tiefer Bewunderung. Welch feine Antwort sie von dem alten Mann erhielt! Sein Schreiben strahlte dieselbe Wärme aus, die sie sieben Jahre lang als seine Schülerin verspürt hatte. Die Freude, die ihm unser Brief bereitete, kehrte zu uns zurück und erhellte unseren Tag. Während ich dies berichte, ist er gut über achtzig Jahre alt, und sein Name steht noch immer als erster auf unserer Weihnachtskartenliste.

Ich bin sicher, daß wir unsere Dankbarkeit nicht allen beweisen, die sie verdienen; doch wenn immer wir es taten, erhielten wir eine freudige Antwort — besonders von denen, die oft übergangen werden, wie der Milchmann, der Zeitungsjunge, die Müllmänner und viele andere.

Unsere Nächsten

Es ist schön und gut, von all den großartigen Dingen zu träumen, die wir unseren nächsten Angehörigen in der Zukunft zukommen lassen wollen, solange wir dabei nicht die kleinen täglichen Ermutigungen für sie vergessen.

Eine Hausfrau soll einst ihrer Familie einen heilsamen Schrecken eingejagt haben. Tag für Tag bereitete sie die köstlichsten Mahlzeiten zu. Nie hörte sie ein Wort des Dankes, weder von ihrem Mann noch von ihren Kindern. Eines Tages, als sich die Familie hungrig zu Tisch setzte, fand sie nur ein Büschel Heu vor. Die Frau lachte über die fassungslosen Gesichter ihrer Lieben und meinte: „Ich wollte nur mal ausprobieren, ob ihr das überhaupt merken würdet; denn ihr habt noch nie ein Wort über das Essen verloren!"

Ob die Geschichte wahr ist oder nicht, sie verdeutlicht jedenfalls den Kern der Sache. Die vernachlässigten Chancen, andern Rücksicht und Aufmerksamkeit zu schenken, können eine langsame Lähmung in uns hervorrufen, genau wie ein Muskel verkümmert, der nicht bewegt wird. Wir können die Bereitwilligkeit zum Geben verlieren, und der Wunsch, zu helfen und zu ermutigen, kann verschwinden.

Freundlichkeit in der Kirche

Das „Time"-Magazin fragte in einem Artikel über das Leben in den Kirchen, ob die neue evangelikale Bewegung stärker anwachsen werde als die alteingesessenen Kirchen. Das Ergebnis war, daß es darauf ankomme, inwieweit die Kirchenglieder christliche Grundsätze im täglichen Leben verwirklichen.

Statt dieser neuen Bewegung kritisch gegenüberzustehen, bewunderte sie der Pfarrer der New Yorker Stadtkirche: Ohne sie könne man sonntags morgens in jeder Kirche Neuenglands „Schlittschuhlaufen", so kalt gehe es unter den Kirchgängern zu.

Der Artikel berichtet weiter, der Mangel an Wärme und Freundlichkeit in den großen protestantischen Kirchen sei ein Grund für den Verlust von 2,7 Millionen Gläubigen in den letzten zehn Jahren. Im gleichen Zeitraum erhöhte sich die Zahl der Baptisten (eine Freikirche) um zwei Millionen.

In den Mokassins des anderen

In einem alten Gebet der Sioux-Indianer heißt es: „Großer Geist, hilf mir, keinen anderen zu verurteilen, bevor ich nicht zwei Wochen in seinen Mokassins gelaufen bin!" — Wenn wir versuchen, uns in die Lage eines anderen zu versetzen, werden wir ihn besser verstehen, und es wird uns leichter fallen, ihn zu ermutigen.

Ein junges Paar fand dies in weniger als zwei Wochen heraus. Der Mann arbeitete in der Fabrik, während sie den Haushalt führte und für die Kinder sorgte. Er hatte genug von ihren ewigen Nörgeleien über die Hausarbeit. Ihre Klagen begannen schon zum Frühstück, und wenn er abends müde von der Arbeit heimkehrte, brach ihre Unzufriedenheit in bitteren Worten hervor. Sie dachte, seine Beschäftigung sei ein Kinderspiel im Vergleich zu ihrer Leistung.

So kamen sie mit der Fabrik überein, daß sie seine Tätigkeit übernehmen würde, solange er die Hausarbeit erledigte. Der Versuch sollte zwei Wochen laufen, doch schon nach zwei Tagen waren beide bereit, zurückzutauschen.

Wahrscheinlich haben nur wenige so wörtlich versucht, in den „Mokassins" des anderen zu laufen, wie dieses Paar. Doch solche drastischen Maßnahmen sind meist überflüssig. Ein bißchen Aufmerksamkeit und Verständnis führen zu demselben Ergebnis.

Positive Wahl treffen

Ein kleines Mädchen hatte die Aufgabe, die Kartoffeln aus dem Keller zu holen. Eines Tages war zufällig ihr Vater dabei und sah zu, wie sie einige für die bevorstehende Mahlzeit auswählte.

„Was machst du denn da?" fragte er sie. „Ich suche die kleinsten Kartoffeln heraus, damit wir sie bald aufbrauchen. Dann werden wir die größeren, besseren für später haben."

Ihr Vater lächelte, als er ihr den Eimer aus der Hand nahm und die kleinen Kartoffeln zurückleerte. „Siehst du nicht, daß wir auf diese Weise immer die kleinsten essen werden? Wähle die größten für heute, und so werden wir immer die besten essen!"

Wir sollten nicht das Gute, das wir einander tun können, für irgendwelche späteren Zeiten aufbewahren. Die zukünftigen Gelegenheiten werden vielleicht nie eintreffen. Wenn wir versuchen, heute in bester und schönster Weise zu leben, brauchen wir uns nicht darum zu sorgen, was wir morgen erreichen müssen. Wähle jetzt das Beste, und so wirst du immer das Beste genießen.

Gebet, so wird euch gegeben. Ein voll, gedrückt, gerüttelt und überfließend Maß wird man in euren Schoß geben; denn eben mit dem Maß, mit dem ihr messet, wird man euch wieder messen.
Lukas 6, 38

Ein Bauer war im ganzen Land nicht nur für sein ausgezeichnetes Getreide berühmt, sondern auch für seine Großzügigkeit, das Saatgut mit den benachbarten Bauern zu teilen. Die Leute wunderten sich, warum er sich die Konkurrenz auch noch selbst schaffte. Er gab eine treffende Antwort:

„Daß ich den besten Samen mit meinen Nachbarn teile, ist reiner Selbstschutz. Während der Befruchtung tragen der Wind und die Insekten Pollen von einem Feld zum anderen. Wenn die anderen billiges Getreide anbauen, wird diese Überkreuzbefruchtung die Qualität meines Ertrages herabmindern. Darum möchte ich, daß sie den besten Samen, den es gibt, für ihren Anbau benutzen."

Diese kleine Geschichte stellt einen wichtigen Lebensgrundsatz dar: Kluges Geben verringert nicht, was wir besitzen. Auf lange Sicht gewinnen wir weit mehr durch Teilen, als wir jemals durch egoistisches Horten all unserer Ideen und Vorteile erlangen können.

Schauen wir uns doch einmal die Leute an, die es zu etwas gebracht haben. Fast bei jedem von ihnen werden wir herausfinden, daß ihre Freundlichkeit und Hilfsbereitschaft anderen gegenüber ebenso entscheidend waren wie ihre Fähigkeiten. Wir werden vielleicht erkennen, daß die wahren Erfolgsgeschichten von Leuten handeln, die anderen zu großen Leistungen verholfen und sie inspiriert haben, während sie selbst im Hintergrund blieben.

Der persönliche Erfolg sollte nicht die Hauptsache im Leben sein. Ein solch nahgestecktes Ziel könnte aufgrund seiner Absicht in Wirklichkeit zerstörend wirken. Die Hingabe an eine Sache, die über die eigene Person hinausgeht, und ein Dienst für andere sind Vorhaben, die größere Wichtigkeit und stärkeren Einfluß besitzen.

„Denn unser keiner lebt sich selber", sagt der Apostel Paulus in Römer 14, 7. Wir sollten das nie vergessen!

Vom Ich gefesselt

Wir alle kennen Menschen, die so von ihrem eigenen Ich gefesselt sind, daß sie sich noch nicht einmal ihrer Unzulänglichkeiten bewußt werden. Da war ein Schriftsteller, dessen Hauptgesprächsthema seine Person und seine Bücher waren. Er wurde nicht gewahr, inwieweit die Selbstsucht seine Unterhaltungen und sein Handeln beherrschte.

Eines Tages war er mit einem Freund zusammen und redete, wie üblich, die meiste Zeit von sich selbst. Schließlich hielt er inne und fragte seinen Begleiter: „Warum erzählst du mir eigentlich nicht auch mal etwas von dir?"

„Tja", grübelte der Freund, „was soll ich dir denn erzählen, das dich interessieren könnte?"

„Das ist einfach zu beantworten", meinte der

Schriftsteller. „Du könntest mir sagen, welchen Eindruck meine Bücher auf dich gemacht haben!"

Sehr früh im Leben beginnt man damit, die Ichsucht zu pflegen. Denken wir nur daran, was in einer Familie geschieht, in der ein zweites Kind geboren wird.

Dem erstgeborenen Jungen gefiel das Baby anfangs sehr. Er dachte, die kleine Schwester wäre ein hübsches, unterhaltsames Spielzeug. Doch bald merkte er, wie sie ihm seinen Platz im Mittelpunkt aller Aufmerksamkeit streitig machte. Er konnte seine Eifersucht nicht bezwingen und war dem Baby richtig böse.

Es half auch nicht, daß die Mutter versicherte, die kleine Schwester sei doch ein „Geschenk Gottes". Da meinte er, endlich eine Lösung gefunden zu haben: „Mami", sagte er, „ich weiß, was wir mit dem Baby machen können. Wir schicken es einfach an Gott zurück."

Als Erwachsene machen wir uns oft durch noch häßlichere Gedanken als diese schuldig. Denn die Richtung führt gewiß nicht himmelwärts, in die wir Leute am liebsten schicken würden, die uns anscheinend den Weg versperren!

Wir könnten genausogut eingestehen, daß wir sehr an uns selbst interessiert sind. Diese Tatsache ist treffend in einem Spruch ausgedrückt, der in Europa zum geflügelten Wort wurde: „Alle sind Egoisten. Jeder denkt an sich selbst; ich bin der einzige, der an mich denkt." Anders formuliert: „Ein langweiliger Mensch ist der, der nur von sich spricht, wenn du lieber von dir selbst erzählen würdest."

Um diese Falle zu vermeiden, müssen wir zunächst die Gefahr erkennen, die darin steckt.

Wenn beide Parteien verlieren

Nicht nur aus selbstsüchtigen Motiven lassen wir uns vom eigenen Ich gefangennehmen. In dieser hektischen Zeit hindern uns die überfüllten Terminkalender daran, anderen das Mitgefühl und Verständnis zu schenken, das sie verdienen. Als eine Lehrerin ihre Klasse bat, den größten Weihnachtswunsch aufzuschreiben, gab ein Junge an: „Ich wünsche mir, meine Mutter wäre nicht so müde. Dann könnte sie lieb und zärtlich sein. Letzte Weihnachten war sie so überarbeitet, daß sie wegen jeder Kleinigkeit, die ich anstellte, in die Luft ging."

Nicht selten erlebt man, daß ein Ehemann, der gewohnheitsgemäß das Essen auf dem Tisch vorzufinden erwartet, sich aufregt, wenn das einmal nicht so ist. Er mag seine Hände in die Hosentaschen stecken und wie wild hin und her laufen, dazu mit einer Miene, als ob das größte Unglück geschehen sei. Was er nicht bedenkt: daß heute vielleicht eine Schlange beim Gemüsemann anstand oder der Sohn krank zu Hause lag und so mehr Zeit beanspruchte. Wenn er sich dann endlich zum Essen hinsetzt, bekommt er für den Rest des Abends von seiner miesen Laune Magendrücken.

Manche Hausfrauen sind ebenso große „Sünder", wenn auch auf anderem Gebiet. Ich kenne eine tüchtige und sparsame Frau, deren Heim immer blitzblank ist. Kein Stäubchen ist auf den Möbeln zu finden. Ihr Mann, eine treue Seele, versucht seine Frau auf alle erdenkliche Art zu erfreuen. Doch manchmal trifft er dabei haarscharf daneben.

Einmal brachte er als Überraschung ein hübsches, kleines Hilfsgerät für die Küche mit, das ihr die Arbeit erleichtern sollte. Doch statt daß seine Frau ihm für dieses Geschenk dankte, erntete er nur Schelte für seine Verschwendung! Obwohl es dem Paar finanziell gut ging, kam sie noch tagelang auf diese „unnötige Geldausgabe" zurück.

Vielleicht hatte sie recht. Vielleicht war der Preis wirklich zu hoch, und das Geld hätte besser anderswo verwendet werden können. Keinen Augenblick jedoch dachte sie an das Motiv ihres Mannes. Er wollte ihr Freude bereiten und eine kleine Hilfe schenken. Sie machte den Fehler, es nicht einfach als Zeichen seiner Zuneigung anzunehmen. Ich bin sicher, daß seine liebevollen Überraschungen nach diesem Zwischenfall seltener wurden.

In beiden Fällen waren sowohl der Mann als auch die Frau Verlierer!

Die falsche Nummer

Vor einigen Jahren kauften meine Frau und ich ein Haus am Rande einer Großstadt. Als wir es einrichteten, machten wir eine lustige Erfahrung.

Noch bevor die früheren Besitzer ausgezogen waren, gingen wir in ein Kaufhaus, um die Vorhänge auszusuchen. Wir hatten die Fenster ausgemessen und eine wichtige Kleinigkeit bei einem Fenster vergessen.

Der Verkäufer stellte uns sein Telefon zur Verfügung. Rasch überflog ich die Namen im Telefonbuch. Unser Vorgänger hatte einen wenig gebräuchlichen Namen, und so fand ich ihn ohne Schwierigkeiten. Ich rief an, und die Frau am anderen Ende der Leitung teilte mir mit, daß ihr Mann nicht zu Hause sei.

„Sind Sie nicht Frau Sowieso?" fragte ich. Sie bejahte, und ich erzählte, daß ich der Käufer ihres Hauses sei. „Was?" rief sie. Ich bekam einen Schreck und meinte, ich hätte die falsche Nummer gewählt: „Sind Sie die Frau von Herrn Sowieso?" fragte ich noch einmal und gab seinen vollständigen Namen an. „Ja", erwiderte sie.

Ich nannte ihr meinen Namen und meinte: „Ich bin mit Ihrem Mann übereingekommen, Ihr Haus zu kaufen. Können Sie mir bitte eine Auskunft über eines der Fenster geben? Wir sind nämlich gerade dabei, Vorhänge auszusuchen."

„Sie wollen sagen, daß mein Mann unser Haus verkauft hat, ohne mir einen Ton davon zu sagen?" warf sie ein. „Von dieser Abmachung habe ich keine Ahnung!"

Jetzt war ich völlig durcheinander, entschuldigte mich und legte auf. Ich sah noch einmal im Telefonbuch nach und entdeckte tatsächlich zweimal genau den gleichen Vor- und Nachnamen. Und ich hatte die falsche Nummer gewählt!

Das kann auch auf andere Lebensbereiche übertragen werden. Wir reden oft mit jemandem, stehen mit ihm in Verbindung und erhalten eine Antwort oder Reaktion, die unseren Erwartungen gänzlich widerspricht. Das regt uns auf. Es kann jedoch sein, daß wir da die „falsche Nummer" gewählt haben — sinnbildlich.

Der britische Schuldirektor C. A. Joyce erzählte von einem Jungen, den man zu ihm brachte, weil er vor seinem Lehrer Schimpfwörter benutzt und ihm üble Beleidigungen ins Gesicht gesagt hatte. Im Gespräch merkte Joyce bald, daß der Junge selbst über sein Verhalten erschrocken war und es bereute.

Erst später erfuhr der Lehrer, daß der Junge an jenem Tag einen Brief mit der Nachricht erhalten hatte, daß seine Mutter gestorben war. Er stand so unter Schock, daß er wahrscheinlich nicht wußte, was er sagte, als er sich ungerecht behandelt fühlte. Sein schlechtes Benehmen war eher ein Schrei nach Mitgefühl.

Wenn Menschen so unberechenbar handeln, daß wir sie nicht verstehen, wenn sie scheinbar grundlos boshaft reagieren, so steckt gewiß ein Grund dahinter. Könnten wir herausbekommen, was sie bedrückt, könnten wir offen und ehrlich miteinander reden, dann würden wir sie begreifen lernen. Und damit änderte sich auch unsere Einstellung.

Die Kreise weiter ziehen

In einem Gedicht über die Liebe, die auch die umfaßt, die uns nicht leiden können, erläutert das *Edwin Markham* sehr klar. Er sagt, daß ein Mensch einen Kreis um sich zog, um sich von seinem Freund zu trennen. Doch der Freund zog in Liebe und Verstehen einen größeren Kreis, der beide einschloß.

Leben   Er zog einen Kreis, der
mich ausschloß —
treulos und rebellisch —
er tat es, um mich zu verspotten.

Doch die Liebe und ich hatten vor,
ihn zu gewinnen:
Wir zogen einen Kreis,
der ihn einschloß!

112

„Mancher Freund ist anhänglicher als ein Bruder."
(Sprüche 18, 24, Menge.) Dies schrieb der König
Salomo. Es ist gut, Freunde zu haben. Doch es ist
großartiger, ein Freund zu *sein*. Und es wird immer
wahr sein: Wenn wir geben, werden wir auch bekommen. Jesus Christus sagt: „Gebet, so wird euch
gegeben . . ., denn eben mit dem Maß, mit dem ihr
messet, wird man euch wieder messen." (Lukas 6, 38.)

DAS GLÜCK
ZU ZWEIT

Den richtigen Partner wählen |

Die Liebe verträgt alles, sie glaubet alles, sie hoffet alles, sie duldet alles. Die Liebe höret nimmer auf. 1. Korinther 13, 7. 8.

Kurz vor ihrer Silberhochzeit saß eine wohlbekannte Dame bei einem Galaessen neben dem berühmten Pianisten *Paderewski*. Sie erzählte ihm, daß sie als Schülerin an der Musikakademie in Northampton oft seinem Spiel gelauscht habe.

Paderewski wollte wissen, ob sie ihre alte Schule jemals wieder besucht hätte.

„Ja", erwiderte sie, „ich gehe oft in die alte Kapelle. Dort setze ich mich an meinen früheren Platz und freue mich darüber, daß ich heute so viel glücklicher bin, als ich mir das als Schülerin erträumt hatte."

Paderewski wurde neugierig. Überrascht hielt er beim Essen inne und fragte: „Sie wollen doch nicht etwa sagen, daß ihr jetziges Glück die Erwartungen übertrifft, die sie als Achtzehnjährige von der Zukunft hatten?"

„Doch, genau das meine ich", entgegnete sie mit einem Lächeln.

Paderewski beugte sich zu ihr und sagte: „Madame, ich würde gerne Ihren Gatten kennenlernen!"

Es heißt: Wer eine glückliche Ehe führt, ist glücklich, auch wenn er in allen anderen Bereichen seines Lebens Pech hat. Und umgekehrt: Wer unglücklich verheiratet ist, ist unglücklich, auch wenn er auf allen anderen Gebieten erfolgreich ist. Das mag etwas übertrieben klingen, doch wie oft begegnen uns Menschen, die beweisen, daß ein Großteil Wahrheit in dieser Behauptung steckt!

Manche Junggesellen tun, als ob sie verheiratete Männer bemitleiden. Sie verspotten ihre Kollegen, die „in die Falle gegangen" sind, der sie selbst entkamen. Es ist ziemlich deutlich, daß sie nicht wissen, wovon sie reden. Obwohl sie selbst nie verheiratet waren, bilden sie sich ein, sie könnten sich gut in die Lage des verheirateten Mannes versetzen. Aber nur wer persönlich die Erfahrungen einer Ehe erlebt hat, kann dies tun.

Ich las vor nicht allzu langer Zeit einen Artikel mit der Überschrift: „Das Leben, das Junggesellen tötet." Der Verfasser stützte sich auf Statistiken von Versicherungsgesellschaften über sechs Millionen Personen. Die Tatsache wurde beleuchtet, daß es bei einem verheirateten Mann bei weitem günstiger aussieht als bei einem ledigen.

Es ist unbestreitbar, daß statistisch gesehen die Lebensspanne eines Ehemannes länger ist als die eines Junggesellen. Dieser neigt eher dazu, unvorsichtig zu leben und seine Gesundheit zu vernachlässigen. Wenn er krank ist, wird er nicht so umsorgt wie ein Ehemann von seiner Frau.

In einer weiteren Studie verdeutlicht *Jonathan I. Freedman,* Professor der Psychologie an der Columbia Universität in New York, daß das Glück der Frau immer noch in einer Ehe zu finden ist, die sich auf Liebe gründet. Er und andere Fachleute kamen zu der Überzeugung, daß verheiratete Menschen beiderlei Geschlechts glücklicher sind als unverheiratete und daß Verheiratetsein mehr zum Glück der Frau beiträgt. Das ist um so wahrer, je älter die Frau wird.

Beides — Gutes und Schlechtes

Dabei ist die Ehe an sich keine Garantie für Glück und Zufriedenheit. Ein erfahrener Ratgeber schreibt: „Als ich ein junger Mann war, dachte ich immer, einer jungen Frau könne nichts Schlimmeres geschehen, als eine alte Jungfer zu werden. So verstand ich das damals, doch jetzt nicht mehr. Ich änderte meine Ansichten, denn in meiner Seelsorge begegnete ich vielen ernüchterten, liebeshungrigen Ehefrauen mit gebrochenem Herzen, die alles auf der Welt geben würden, um ‚alte Jungfern' zu sein. Und der Schluß drängte sich mir auf, daß es schlimmere Dinge für eine junge Frau gibt, als unverheiratet zu bleiben." (Eric B. Hare)

Wieder andere meinen, man komme dem Himmel auf dieser Erde am nächsten, wenn man wahre Liebe in einer guten Ehe erlebt. Und man erfahre die Hölle auf Erden, wenn man entdeckt, daß man an einen Menschen gefesselt ist, dessen Vorbilder und Neigungen den eigenen genau entgegenstehen und dessen Gewohnheiten einen täglich stören und quälen.

Einige junge Frauen haben genug von Alleinsein und harter Arbeit; sie meinen, eine Ehe bedeute Befreiung von aller körperlichen Arbeit. Da irren sie sich. Ehe bedeutet weder Ferien noch Freiheit von Arbeit. Im Gegenteil, sie erfordert große Anstrengungen.

Auch wenn Verheiratetsein viele Vorteile bringt, sollte man sich in die Ehe nicht zu schnell hineinstürzen. Manchmal ist „Nein" die bessere Antwort. Bei den vielen Möglichkeiten, die heute auch Alleinstehenden offenstehen, gibt es kaum einen Grund, so einen wichtigen Schritt Hals über Kopf zu machen.

Körperliche Anziehungskraft

Welchen Richtlinien sollten wir folgen, um den richtigen Partner zu finden? Ein Journalist befragte eine attraktive junge Dame, ob sie lieber klug oder hübsch sein wollte, wenn sie zu wählen hätte. Ihre spontane Antwort lautete: „Hübsch!"

„Das dachte ich mir!" erklärte er. „Ist das wegen der Männer?"

„Ja", meinte sie, „es ist doch offensichtlich, daß Männer besser sehen als denken können!"

Die Erwiderung dieser jungen Frau ist wahrscheinlich gar nicht so weit hergeholt. Körperliche Anziehung spielt bei der Partnerwahl eine große Rolle. Doch wie wertvoll ist dieser Vorteil? *Walter Raleigh* gab seinem Sohn einen klugen Rat, als jener ein Mädchen heiraten wollte, einfach weil es schön war. Er sagte: „Du bindest dich lebenslänglich an eine Person um einer Sache willen, die nicht nur nicht anhält, sondern dich vielleicht auch nur eine kurze Zeit befriedigt, und die du nicht einmal mehr schätzen magst, wenn du sie besitzt."

Bei der Hochzeit eines Paares hört man häufig Bemerkungen wie: „Ich kann nicht verstehen, was er in ihr sieht", oder: „Was um alles in der Welt findet sie an ihm?" Doch lernt man das Paar näher kennen, merkt man oft, daß jeder den anderen Partner für die begehrenswerteste Person auf der ganzen Welt hält. Wenn einer den anderen liebt, weil er oder sie einen guten Charakter und eine liebevolle Persönlichkeit besitzt, kann die Liebe andauern. Menschliche Wärme und selbstlose Liebe zählen mehr als körperliche Schönheit, die sowieso nicht tiefer als die Haut reicht.

Die moderne Reklame versucht uns zu überzeugen, daß allein eine attraktive „Fassade" gilt. Keiner kann leugnen, daß attraktive Kleidung und ein gepflegtes Äußeres wichtig sind. Das hat in der Ehe genauso Gültigkeit wie vorher. Nachlässigkeit im persönlichen Aussehen kann ein Zeichen schwerer Charaktermängel sein, die man nicht übersehen darf.

Wer nach wahren Werten im Lebenspartner forscht, achtet allerdings auf andere Dinge als das Aussehen. Er wird nach Charakterzügen suchen, die im Gesicht, der Stimme und den guten Gewohnheiten zutage treten. Wie reagiert er oder sie auf Schwierigkeiten oder Enttäuschungen? Wie denkt der Partner über Geld? Hat er Humor, und lacht er auch mal über sich selbst? Welche Einstellung hat er zu den Dingen, die für mich die wichtigsten sind? Haben wir gemeinsame Interessen? Diese und andere Anliegen, die die Persönlichkeit und den Charakter widerspiegeln, sind bedeutsamer als körperliche Schönheit, die vergeht, und körperliche Maßstäbe, die sich sehr wohl ändern können!

Natürlich ist es nicht leicht zu erkennen, wie der bzw. die Verlobte sich in der Ehe verhalten wird. Das stimmt zwar, doch es geht sicher schief, jemanden mit dem Hintergedanken zu heiraten, ihn hinterher zu ändern. Das läuft so nicht. Setzt man sich in einen Zug mit einem bestimmten Zielbahnhof, wird er da wahrscheinlich auch ankommen. Man kann seine Richtung nicht umkehren, selbst wenn man sich noch so anstrengt. So manch ein junger Mann oder eine junge Frau mußte nach der Hochzeit feststellen, daß man den Lebensstil des Partners nicht umformen kann — besonders nicht zum Besseren.

Ein Mädchen kam vor ihrer Hochzeit zu einer

Beratungsstunde beim Seelsorger. Sie erzählte ihm, wie sie den Verlobten in der Ehe zu seinem Besten ummodeln wolle. Er sagte nichts weiter dazu, bat sie aber, auf seinen Schreibtisch zu steigen und seine Hand zu ergreifen: „Nun ziehe mich hoch zu dir!" Sie schaffte es nicht. Dann zeigte er ihr, wie leicht es für ihn war, sie herunterzuziehen. Und sie verstand!

Ein Offenbarungstest

Trotz guter Vorsätze und ehrlicher Bemühungen, den bestmöglichen Partner zu finden, kommt es zu falschen Bewertungen, und man begeht Fehler. Während der Verlobungszeit zeigen sich beide von ihrer besten Seite. Dazu kommt, daß man alles durch die rosarote Brille sieht, und so ist es nicht einfach, die Wirklichkeit zu erkennen.

Es gibt jedoch einen unfehlbaren Test. Er besteht darin, herauszufinden, wie sich der zukünftige Partner in der Familie benimmt. So wie er oder sie sich in dieser Runde verhält, wird er oder sie auch in der Ehe handeln. Wenn eine junge Frau wissen möchte, wie sich ihr Verlobter als Ehemann aufführen wird, sollte sie ihn möglichst unverhofft zu Hause besuchen. Sie sollte besonders darauf achten, wie er seine Mutter behandelt. Wenn er seine Mutter ehrt, wird er vermutlich auch seine Frau schätzen. Verhält er sich im engen Familienkreis freundlich, aufmerksam und hilfsbereit? Sein Auftreten hier spiegelt wider, wie er seiner Frau gegenüber handeln wird.

Das gleiche gilt für den umgekehrten Fall. Wenn ein junger Mann sehen möchte, wie das Mädchen wirklich ist, das sich in Gesellschaft elegant kleidet und angenehm duftet, sollte er sie unerwartet zu Hause aufsuchen. Wie behandelt sie ihre Mutter und ihren Vater? Erledigt sie ihren Teil der Aufgaben fröhlich? Ist sie zuvorkommend? Wenn ja, wird sie wahrscheinlich auch als Ehefrau so sein.

Das bedeutet nicht, daß ein Jugendlicher keine eigene Meinung haben dürfte, auch dann, wenn sie sich von den Ansichten der Eltern unterscheidet. Wenn junge Eheleute ihr eigenes Heim einrichten, sollten sie sich nicht allzusehr von den Eltern beeinflussen lassen. Mutter und Vater nehmen nun nicht mehr die erste Stelle in ihrem Leben ein. Dennoch gilt, daß jemandes Verhalten zu seinen nächsten Verwandten viel darüber aussagt, wie er oder sie sich später in der eigenen Familie gebärden wird.

Der Einfluß der Religion

Moderne Untersuchungen bestätigen, daß Ehen von solchen Paaren am haltbarsten sind, die selbst Christen bzw. im religiösen Bereich aktiv tätig sind. Es lassen sich zahlreiche Gründe dafür anführen. Einer ist, daß Probleme, die irgendwann auftauchen, einfach mit Seelsorgern besprochen werden können, die oft fähige und offene Berater sind. Gemeinsam Gott zu dienen bindet aneinander. „Menschen, die zusammen beten, bleiben zusammen." Bei kirchlichen Unternehmungen mitzumachen schafft Bande, die nur schwer zerstört werden können.

Doch Religion hat für verschiedene Menschen unterschiedliche Inhalte. Die Bindung aneinander erfolgt nur da, wo die Überzeugung und der daraus folgende Lebensstil übereinstimmen. Wenn auf diesem Gebiet ein breiter Graben zwischen den beiden aufreißt, kann das Ergebnis verheerend sein. Manche religiösen Gewohnheiten erfassen fast jeden Lebensbereich. Für viele Menschen ist entscheidend, wie sie sich kleiden, was sie essen, womit sie sich vergnügen, wie sie Geld ausgeben, wie sie Kinder erziehen und Fragen des Sexuallebens lösen, wie sie tausend andere kleinere und größere Einzelheiten des täglichen Zusammenlebens praktizieren.

Ein Christ kann Menschen anderer Glaubensauffassung achten und mit ihnen befreundet sein sowie auf vielerlei Weise mit ihnen zusammenarbeiten. Doch bei einer Heirat sollten konfessionelle Unterschiede tunlichst vermieden werden. Die Beziehungen im engsten Familienkreis sind so innig, daß ein unterschiedlicher Glaube Tragödien zwischen Ehepartnern und Entfremdung zwischen Eltern und Kindern bewirken kann. Wenn religiöse Grundsätze die Ehepartner in verschiedene Richtungen leiten, folgen aus den alltäglichen Dingen Zank, Spannungen und Unzufriedenheit. Einer möchte zur Kirche, während der andere ins Kino will. Einer hält den einen Tag heilig, während der andere arbeitet. Für einen sind Rauchen und Trinken entspannend, für den anderen sind sie unerträglich. Einer möchte einen Teil des gemeinsamen Einkommens der Kirche geben, der andere verbietet es.

Zahllose Unterschiede treten auf, über die man streiten kann. Wenn man jemanden heiratet, für den die Religion nicht nur eine Weltanschauung, sondern auch eine bestimmte Lebensweise ist, wird man entdecken, daß man gezwungen ist, mit seiner bzw. ihrer Denkungsart zu leben. Religiöse Überzeugungen können nicht einfach gebeugt oder verändert werden, ohne daß die Gefühle nachhaltig verletzt werden oder Schuldgefühle entstehen. Und kann ein Mann eine Frau ehren, die seinetwegen Dinge über Bord wirft, die sie zuvor für heilig ansah? Kann eine Frau einen Mann achten, wenn er ihr oder ihrer Freunde zuliebe religiöse Grundsätze aufgibt?

Mehr als der halbe Weg

In einer glücklichen Ehe sind beide Partner freigebig mit liebevollen Gedanken, Worten und Taten. Liebe zu geben erweckt Liebe, nicht nur im Partner, sondern auch in einem selbst. Beide Teile müssen bereit sein, mehr zu geben, als zu erhalten.

Die Ehe ist mehr als eine Art von Interessenausgleich, der eifersüchtig überwacht wird und wo die kleinen Aufmerksamkeiten genau gegeneinander aufgerechnet werden. Jeder wird versuchen, den anderen an Liebe und Hochachtung zu übertreffen. Beide sollten dem Rat der Bibel folgen: „Einer trage des andern Last, so werdet ihr das Gesetz Christi erfüllen." (Galater 6, 2.)

Mann und Frau sind Partner. Sie bilden eine Gemeinschaft, in die beide Teile alles einbringen, was sie besitzen: die Arbeit ihrer Hände und des Kopfes, die Liebe ihres Herzens. Und jeder muß bereit sein, einander mehr als den halben Weg zu entgegenzugehen, wenn man unterschiedlicher Meinung ist. Haben beide diesen Grad des Verstehens vor ihrer Vereinigung erreicht, besteht gute Aussicht auf Erfolg ihrer Ehe.

Sex vor der Ehe? | 14

*Ich fürchte, Sex ist unser neuer Gott gewor-
den.*
                                    Billy Graham

Obwohl ich nicht beweisen kann, daß die Menschen heute sexbesessener sind als frühere Generationen, spielt die Sexualität unbestreitbar im modernen
Leben eine vorrangige Rolle. Ein kurzer Blick auf
Theateranzeigen, Zeitschriften, Illustrationen und Pla-
katwände unterstreicht diese Tatsache überdeutlich.
Mehr oder weniger ausgezogene Frauenkörper werden nicht nur zum Verkauf von Bikinis oder Unterwä-
sche abgelichtet. Die Fachleute scheinen sich darin
einig, daß dies der beste Anreiz ist, Autos und
Ferienreisen, Badewannen und Rasenmäher sowie
tausend andere Dinge an den Mann zu bringen.

Manche jungen Leute bilden sich ein, daß die nicht
mehr ganz so jungen ihre Probleme auf diesem Gebiet
nicht verstehen können. „Ihr seid zu alt, um zu wissen, was wir durchmachen!" schlußfolgern sie. Doch
die sexuelle Aktivität schwächt sich nur langsam ab,
wenn die Jugendfrische verblüht ist. Die körperlichen
Triebe quälen auch die Älteren. Der Unterschied ist
lange nicht so groß, wie man bisher annahm.

Jugendproblem Nummer 1

Aus einigen Gründen jedoch können sich die
sexuellen Schwierigkeiten, denen Jugendliche gegen-

überstehen, zu großen Problemen auswachsen. Junge Menschen werden von dem Widerstreit starker Gefühle hin und her gerissen, die einerseits nach Befriedigung schreien und andererseits der Forderung unterliegen, beherrscht und eventuell sogar unterdrückt zu werden. Gewöhnlich ist der sexuelle Drang während der Schulzeit am heftigsten. Die jungen Leute müssen stundenlang stillsitzen und sich auf Fächer konzentrieren, die sie vielleicht noch nicht einmal interessieren. Kein Wunder, daß da Tagträume häufig die Zeit beanspruchen, die eigentlich zum ernsthaften Lernen genutzt werden sollte, und daß sexuelle Vorstellungen oft im Mittelpunkt stehen!

Die Sache wird noch verworrener, wenn ein junger Mann und eine junge Frau, die voneinander angezogen werden, auf unterschiedlicher Wellenlänge operieren. Es ist sicher falsch, wenn einer den anderen in eine Beziehung zu drängen versucht, die er oder sie nicht möchte oder für die er oder sie nicht reif ist. Das kann weit mehr zerstören, als den beiden klar wird.

Keiner sollte Schuldgefühle haben, wenn ihn sexuelle Gedanken überfallen. Es ist unmöglich, sein Denken völlig frei davon zu halten. Dr. *M. J. Exner* drückte es folgendermaßen aus: „Obgleich kein normaler Mensch es schaffen dürfte, immer von sexuellen Gedanken und Gefühlen frei zu bleiben, hat er doch die Kraft, diese auf hohe oder niedrige Bahnen zu lenken. Die Gedanken eines Jungen über ein Mädchen können auf selbstsüchtiger, sinnlicher Schiene laufen oder eine hohe Stufe der Freude und der Anerkennung ihrer ganzen Persönlichkeit erreichen. Beides sind Arten sexuellen Denkens. Doch während die eine den Menschen entwürdigt, ist die andere wahrhaft befriedigend und förderlich. Sie ist vereinbar mit der Selbstachtung und der Wertschätzung der Frau."

Sex ist nicht die Grundlage für das wahre Glücklichsein und die echte Befriedigung im Leben. Das Glück eines Menschen hängt nicht unbedingt von sexueller Vereinigung oder Enthaltsamkeit ab. Viele Menschen führen ein erfülltes Leben ohne sexuelle Erfahrungen.

Andererseits kann eine sexuelle Beziehung, die kein Schuldgefühl nach sich zieht, ein großes Plus im Leben sein. Echtes Glücklichsein ist wohl kaum zu vervollkommnen, wenn diese Vereinigung nicht auf Liebe und Fürsorge, Achtung und Treue beruht und dauerhaft bleibt.

Mißbrauch der Freiheit

Die Betonung der Freiheit ist eine Begründung, um „altmodische" Einschränkungen zu durchbrechen. Doch Freiheit schließt Verantwortung mit ein und setzt die Fähigkeit voraus, sie richtig anzuwenden. Ein Teenager beschrieb die „Freiheit", die unter Jugendlichen heute üblich geworden ist:

„Es gibt die totale Freiheit. Freiheit, mit dem zu gehen, mit dem du Lust hast. Es fängt damit an, zusammen ins Kino zu gehen. Doch das verliert bald seinen Reiz.

Dann kommen die Partys, wo die Pärchen nach und nach in verschiedenen Zimmern verschwinden. Das kann schnell langweilig werden. Dann schmeckt Wein besser als Bier und später Whisky noch besser. Doch noch immer fehlt etwas. Dann fängst du eine Affäre mit einem Mädchen an, bis sie dich anödet und du dir eine neue suchst. Dann ist nichts mehr übrig.

Klar, du kannst mehr trinken oder ein paar mehr Mädchen kennenlernen oder Drogen ausprobieren, aber das wiederholt sich auch und verliert an Reiz. Wir haben die Freiheit, zu essen, was wir wollen, und haben darüber den ganzen Appetit verloren."

Die Wahrheit dabei ist, daß es die sogenannte „freie Liebe" nicht gibt. Jede „Freiheit" in dieser Beziehung kann für einen Jungen ziemlich beträchtlich sein, doch für ein Mädchen hat sich im Vergleich zu der „guten, alten Zeit" kaum etwas geändert. Eine biblische Geschichte betont, was noch heute für Mädchen viel Wahrheit enthält:

Ein Mann namens Amnon verliebte sich in ein Mädchen, das Tamar hieß. Leider konnten sie sich nur ganz selten treffen. Vor lauter Liebeskummer wollte der junge Mann nicht einmal mehr essen. Mit einem Freund heckte er einen Plan aus, wie er mit ihr allein zusammensein könnte. Alles klappte, und er bedrängte sie, mit ihm zu schlafen. Entschieden lehnte sie dies ab, da sie damit warten wollte, bis sie verheiratet wären.

Doch Amnon zwang sie zu tun, was er wollte. Überraschend geht dann die Erzählung weiter: „Danach aber empfand Amnon eine solche Abneigung gegen das Mädchen, daß er es nicht mehr ausstehen konnte. Sein Haß war größer, als vorher seine Liebe gewesen war. ‚Steh auf! Mach, daß du fortkommst!' schrie er Tamar an. ‚Nein, jag mich nicht weg', erwiderte sie. ‚Das wäre ein noch größeres Unrecht als das andere.' Aber Amnon wollte nicht auf sie hören . . ." Die Geschichte endete traurig. Tamar lief laut weinend nach Hause. (2. Samuel 13, 15—19, Die Gute Nachricht.)

Amnon war fest davon überzeugt, daß er Tamar

wirklich liebte. Er machte ihr großartige Versprechun-
gen und beschwatzte sie mit allen möglichen Liebes-
schwüren. Doch im Innersten wollte er nur seine
eigenen Wünsche befriedigen, und zwar ohne Rücksicht auf die Folgen für sie. Diese Art „Liebe" schlägt
oft in Nicht-leiden-Können oder Haß um.

Ein Freund, der seine Partnerin wahrhaft liebt, wird
sie nicht bitten, etwas zu tun, was ihre Selbstachtung
herabmindert und ihren Charakter mißachtet. Er wird
eher harte Forderungen an die eigene Selbstbeherrschung stellen, als sie zu etwas zu verleiten, dem sie
widerstrebt. Wer nur an die Erfüllung der eigenen
Begierden denkt, ist nicht nur kein Freund — er ist ein
Feind! Wer sein eigenes Vergnügen an die erste Stelle
setzt, wird seinen Partner als Spielzeug ansehen, das
zur Seite geworfen wird, wenn es ihn langweilt.

Der Sexualtrieb ist ein Geschenk Gottes und darf
nicht als böse an sich angesehen werden. Angemessene Beherrschung des mit ihm verbundenen Verlan-
gens muß keine Last sein, sondern ist ein gesunder
Weg, um einen starken Charakter zu entwickeln.

Warum warten?

Ein Mädchen beschrieb ihre Situation wie folgt:
„Wir sind nun ein ganzes Jahr verlobt, können aber
noch nicht heiraten. Warum können wir nicht so
zusammenleben, als wären wir verheiratet? Ich
befürchte, daß er eine finden wird, die williger ist als
ich. Außerdem denke ich, wir hätten davon eine
große Befriedigung und würden nicht so häufig
streiten."

Ein junger Mann meint: „Wir lieben einander so

sehr; wir können nicht warten, bis wir verheiratet sind."

Dieserart Schlußfolgerungen werden keine Schwierigkeiten des verlobten Paares lösen. Im Gegenteil, sie dürften weitere Probleme schaffen. Wenn Verständnis und Achtung nicht vor dem Beginn der sexuellen Beziehung vorhanden sind, ist zu bezweifeln, ob sie danach erworben werden.

Manche schieben die Begründung vor, daß eine Ehe bessere Überlebenschancen hätte, wenn das Paar vorher zusammengelebt habe. Dafür gibt es keine Beweise. Studien zeigen, daß bei Paaren, die diese Erfahrung gemacht haben, die Heiratsquoten bzw. die Scheidungsraten nicht höher liegen als bei Paaren, die den traditionellen christlichen Grundsätzen folgen. (Dr. R. Taylor, „U. S. News and World Report", Januar 1979.) Der christliche Weg liegt darin, daß der tiefste Ausdruck der gegenseitigen Liebe für die Ehe aufbewahrt wird.

Das Zusammenleben ohne Trauschein ist eine Lebensweise, die unterschiedliche Nöte und Erwartungen erzeugt. Sie ist nicht nur sehr fragwürdig, sondern schafft auch große Risiken, besonders für die Frau. Das ist für Außenstehende leichter sichtbar als für die Beteiligten.

Einer der beiden mag von dieser Beziehung völlig abhängig werden, der andere überhaupt nicht. Wenn der unabhängige Teil aus der Partnerschaft ausbricht, muß das tragische Folgen für den anderen haben.

Früher hielt häufig die Angst vor einer ungewollten Schwangerschaft die Menschen davon ab, so zusammenzuleben. Heute haben die Pille und andere Verhütungsmittel diese Furcht weitgehend gebannt. Doch kein Verhütungsmittel ist hundertprozentig wirksam. Diese Tatsache wird jedes Jahr aufs neue durch die zahllosen ungewollten und ungeplanten Schwangerschaften unter ledigen Frauen bewiesen. Unter solchen Bedingungen ist die „wilde Ehe" wirklich riskant.

Zweifellos hat sich das Verhalten gegenüber unverheirateten Müttern etwas geändert, doch die stahlharte Tatsache bleibt, daß es in vielen Gesellschaftskreisen noch immer eine Tragödie ist, wenn eine ledige Frau ein Kind bekommt. Und wenn die Mutter selbst kaum den Kinderjahren entwachsen ist, wiegt das doppelt schwer. Das ist wahr, trotz allen Redens von aufgeschlossener Einstellung usw.

In manchen Kreisen hält man es für nützlich, wenn das Paar vor der Ehe sexuelle Beziehungen pflegte, um herauszufinden, ob man „zueinander paßt". Es gibt nur wenige Ideen, die falscher und irreführender sind. Sogar für ein Paar, das sich sehr liebt, können Monate oder Jahre vergehen, bis es echte körperliche Befriedigung erreicht. Wie kann da eine Handlung unter ungünstigen Vorzeichen, mit der Furcht der Entdeckung und allen damit zusammenhängenden Folgen, als Test für irgend etwas gelten? Allein das Vorhaben, eine Vereinigung mit so vielen Wagnissen als Test zu betrachten, beraubt ein Paar der Möglichkeit, sie mit der Freude und Sicherheit einer ähnlichen Erfahrung in der Ehe zu vergleichen.

Starke Schuldgefühle belasten einen empfindsamen Menschen für lange Zeit. Es ist eine intensive Erfahrung, daß das Feuer der Leidenschaft durch sexuelle Vereinigung angefacht werden kann. Dies kann bis zu stärkster sexueller Abhängigkeit und einer entsprechend sehr stark belasteten Zukunft für dieses Paar führen.

Halbherziger Sex kann nicht befriedigen

Die sexuelle Entwicklung ist nicht mit einem vorgeschriebenen Weg zu vergleichen, den du zurücklegen müßtest. Sie beweist sich nicht nur darin, daß du etwas „tust". Sie führt dich und die Person, die du liebst, auf harmonische Weise in ein immer tieferes Erleben. Dazu gehört die völlige Verpflichtung zweier Persönlichkeiten, nicht nur ein Zusammenfinden von zwei Körpern.

Der Schöpfer erschuf den Menschen nicht nur als Körper. Er begabte ihn auch mit Verstandes- und Seelenkräften. Man kann nicht den „ganzen Weg" gehen wollen, ohne Seele und Geist mit zu beteiligen.

Indem Gott die Gebote verfaßte, die Unzucht und Ehebruch verbieten, wollte er junge Menschen nicht sexueller Erfahrungen berauben, sondern im Gegenteil sicherstellen, daß bei der geschlechtlichen Vereinigung die Einbeziehung des ganzen Menschen — körperlich, geistig und seelisch — gewährleistet sei. Das aber kann nur mit einander liebenden Menschen innerhalb der Sicherheit der Ehe geschehen. Außerhalb der Ehe gibt es immer Hemmnisse: Furcht vor einer Schwangerschaft; Angst davor, nur „benutzt" zu werden; Sorgen im Hinblick auf Verpflichtungen, die zu erfüllen sich keiner fähig fühlt. Das ist ein Grund dafür, daß sexuelle Erlebnisse außerhalb der Ehe so oft enttäuschend verlaufen. Sie sind einfach nicht vollständig.

Einen eventuellen Test vor der Ehe kann man nicht allein von den körperlichen Gesichtspunkten her sehen. Er liegt im Bereich des Charakters und der Persönlichkeit. Wahre Freundschaft und Kameradschaft müssen entwickelt werden. Echte Liebe umfaßt

alle Teile des menschlichen Daseins, den körperlichen, geistigen und seelischen wie auch den gesellschaftlichen und religiösen Bereich. Körperliches
Vergnügen allein ist keine Grundlage dafür, daß man
auch in Zukunft übereinstimmen und glücklich sein
wird. Es ist nur einer der wichtigen Bereiche der Liebe.

Beide Partner sind verantwortlich

Sowohl der junge Mann als auch die junge Frau
müssen sich ihrer Verantwortung bewußt werden. Die
Leidenschaften, die sie bei sich wecken, gehören zu
den stärksten im Menschen. Wer leichtfertig mit ihnen
umgeht, spielt gleichsam mit einem geladenen Revol-
ver. Die beste Verhütung ist, Situationen zu vermeiden, die solche Vertraulichkeit fördern könnten.

Ehrliche junge Männer planen nicht, ein Mädchen
einfach nur „aufzureißen". Und gute junge Frauen
erwarten nicht, über ihre Widerstandsfähigkeit hinaus
versucht oder überrascht zu werden. Doch in jedem
von uns stecken Gefühle und Leidenschaften, die uns,
werden sie nur genügend angeregt, überwältigen und
zu Taten veranlassen, an die wir sonst nicht im Traum
denken würden. Wenn die Sache schiefläuft, ist es
häufig deshalb, weil das Pärchen beim Petting zu weit
geht oder sich in Situationen begibt, wo sich die
Leidenschaften frei entfalten und die Vernunft besiegen konnten.

Zu einer Frauenärztin kamen häufig unverheiratete,
schwangere Mädchen. Auf die Frage, wie sie in diese
Lage kommen konnten, lautete die Antwort fast
ausnahmslos: „Ich konnte nichts dagegen machen!"
Erst war die Ärztin dieser Aussage gegenüber

mißtrauisch, doch Zeit und Erfahrung lehrten sie, daß die Mädchen die Wahrheit erzählten. Es stimmt ja gar nicht, daß Frauen in Beziehungen mit Männern immer kalt und gelassen bleiben könnten. Wenn sich ein „Verhältnis" weiterentwickelt, entstehen Situationen zwischen den Partnern, in denen es ziemlich unmöglich ist, Vernunft zu wahren und Abstand zu halten.

Wie können sich Jungen oder Mädchen in diesem Fall schützen? Der erste Schritt ist, daß wir uns auf unsere Fähigkeit, unter allen Umständen nein sagen zu können, nicht verlassen. Der zweite ist, Situationen aus dem Weg zu gehen, in denen die Flamme der Leidenschaft geschürt werden könnte. Dann sollten wir einsehen, daß es Liebesbezeugungen gibt, die während der Verlobungszeit angebracht sind, und andere, die nur in die Ehe gehören.

Manche jungen Männer mögen drohen, die Freundin zu verlassen, wenn sie sich nicht ihrem sexuellen Verlangen füge. Auch dann sollte die Antwort vor der Ehe ein „Nein" sein. Wenn er sie „sitzenläßt", war er ihrer Liebe nicht wert. Er war nur an seiner eigenen Befriedigung interessiert. Im übrigen sollte es jedenfalls das Mädchen sein, das entschieden „Nein" sagen kann, weil es das größere Risiko eingeht.

Vielleicht sollte ich hinzufügen, daß die christliche Einstellung zu Verbindungen vor der Ehe nicht negativ ist. Eine sehr befriedigende Gemeinschaft kann durch gemeinsame Arbeit, Hobbys, vernünftigen Sport, Wanderungen und Gruppenunternehmungen entstehen. Es sollte nicht schwer sein, anregende, lehrreiche und zuträgliche Freizeitbeschäftigungen zu finden, die eine Beziehung bereichern. Eine übertriebene „Nur-wir-zwei-allein"-Einstellung hilft weder dem Paar noch den Leuten seiner Umgebung.

Der Weg nach vorn

Wenn man schon zu weit gegangen ist und eine Menge Schwierigkeiten für sich und seinen Partner entstanden sind — was dann? Als erstes sollte man in solchem Fall die Verantwortung auf sich nehmen. Man kann und sollte nicht versuchen, davor wegzulaufen. Zweitens: Kein Zustand im Leben ist hoffnungslos! Man kann immer wieder neu beginnen und aus Fehlern lernen.

Es gibt keine Patentlösung, die auf alles zutrifft. So sollte man seine Eltern um Rat fragen oder irgend jemand, zu dem man Vertrauen hat. Oft sehen andere Augen leichter einen Ausweg als man selbst. Vielleicht entdeckt ein Paar auch, daß die vermeintlichen Fehler ihm helfen, neue und bessere Entscheidungen zu treffen.

In öffentlichen Diskussionen sowie in der Familie, in der Schule, in Radio und Fernsehen betonen viele, wie nötig eine sexuelle Erziehung ist. Dies gilt dort, wo sie bis jetzt vernachlässigt wurde. Daneben findet man ausgezeichnetes Material über dieses Thema, das von Personen verfaßt wurde, deren Beispiel und Rat man sicher folgen kann. Wichtiger als viele Kenntnisse ist jedoch für den Großteil von uns, das Wissen in die Tat umzusetzen, das wir schon besitzen, solange es auf ethischen und gesellschaftlichen Grundsätzen beruht, die das Wesen der christlichen Lebensauffassung bilden.

Gemeinsam das Leben meistern

*Besser sind zwei dran als ein einziger...
kommen sie nämlich zu Fall, kann der eine
dem andern wieder aufhelfen.*
Prediger 4, 9. 10, Jerusalemer Bibel

Auf einem Kindergeburtstag prahlten die Kinder mit ihren Müttern. Es fing damit an, daß ein Junge meinte: „Meine Mutti backt den besten Kuchen auf der ganzen Welt!" Ein anderer übertrumpfte ihn: „Meine Mutter spielt besser Klavier als alle auf der Welt!" Ein niedliches, kleines Fräulein deutete auf ihr Kleid und sagte: „Meine Mami näht hübschere Kleider als die in den Geschäften!" Jedes Kind hatte offensichtlich eine Mutter, die die anderen auf irgendeine Weise übertraf.

Nur ein Junge schien nichts zu sagen zu haben. Die anderen starrten ihn an, bis einer ihn fragte: „Kann deine Mutti denn gar nichts?" Den Mund voller Kuchen murmelte er: „Vielleicht nicht", aber dann strahlten seine Augen, und er fügte begeistert hinzu: „Aber man kann unheimlich gut mit ihr auskommen!" Kann es eine bessere Empfehlung geben?

Manche Männer besetzen Spitzenpositionen in der Geschäftswelt, auf schriftstellerischem oder politischem Gebiet. Sie werden von ihren Mitarbeitern wegen ihrer Fähigkeiten und ihres Einfallsreichtums bewundert. Ihre Untergebenen führen schnellstens jeden Auftrag aus, der auch nur angedeutet wird. Artikel von ihnen und über sie erscheinen in den

Zeitungen. Doch wie verhalten sie sich innerhalb ihrer vier Wände? Wie geben sie sich in der Vertrautheit des Familienkreises?

In manchen Familien sind so lange alle glücklich, bis der Vater heimkehrt. Sobald er das Haus betritt, lädt sich die Stimmung auf: Alle haben Angst vor seinen ungezügelten Launen. Am Arbeitsplatz dagegen kennt man ihn als geduldigen, ausdauernden Kollegen, wenn es darum geht, störende Probleme aus der Welt zu schaffen. In anderen Familien ist der Vater zu sehr mit seinen eigenen Schwierigkeiten beschäftigt, um an den kleinen Freuden und Kümmernissen seiner Kinder oder den Interessen und Mühen seiner Frau teilzuhaben. Doch im Büro ist er nie zu beschäftigt, um anderen zu helfen oder ein offenes Ohr für sie zu haben.

Es gibt Frauen, die sind wunderbare Köchinnen. Sie wissen alles über Kalorien, Vitamine, Eiweißstoffe und Cholesterin. Sie verstehen Mahlzeiten so anzurichten, daß sie auch dem Auge etwas bieten. Andere können geschickt mit der Nähmaschine umgehen oder stricken und helfen, Geld zu sparen, indem sie ihre Kleider und die der Kinder selbst schneidern.

Manche Frauen sind in der Nachbarschaft für ihre Hilfsbereitschaft bekannt. Wann immer jemand krank ist oder eine Geburt oder ein Todesfall eintritt, sind sie die ersten, die ihre Dienste anbieten. Wieder andere haben eine gute Anstellung und verdienen ausreichend, um sich einen hohen Lebensstandard zu ermöglichen. Möbel, Vorhänge und viele liebevolle Kleinigkeiten zeugen von ihrem Geschick als Innenarchitektin. Eine Frau mag all diese Begabungen besitzen, doch ist es darum leicht, mit ihr zu leben?

Ich hörte von einem jungen Mann, der gerade zu

Beginn des zweiten Weltkriegs ein nettes Mädchen heiratete. Die wenig romantische Wirklichkeit, den Haushalt in einer düsteren Bude zu besorgen, enthüllte bald eine nicht allzu anziehende Seite an ihr. Immer häufiger kam es wegen ihrer ständigen Nörgeleien zu bitteren Auseinandersetzungen.

Zu jenem Zeitpunkt wurde der Mann eingezogen und nach Übersee geschickt. Er war tatsächlich froh, auf diese Weise von ihren Nörgeleien und kritischen Bemerkungen verschont zu bleiben. Doch als er ihre Briefe erhielt, merkte er, daß er dem Ganzen doch nicht entronnen war. Sie waren voller Kritik und negativer Einstellung ihm gegenüber. Nach einigen Wochen schrieb er ihr: „Bitte schreibe nicht so oft, damit ich den Krieg in Frieden genießen kann!"

Glück für zwei

Auch wenn wir nicht alle Diplomaten sind, können wir ein freundliches Verhalten pflegen. Wie sehr das doch heutzutage gebraucht wird, nicht nur zwischen Nationen und Rassen, sondern in der kleinen Welt zu Hause! Jeder sehnt sich nach Glück und Erfüllung, und es gibt keinen besseren Ort, dies zu erreichen, als in der engen Beziehung zwischen Mann und Frau. Beide benötigen das Gefühl, gebraucht, anerkannt und geliebt zu werden. Es sollte nicht Ziel sein, den Partner zu bessern, sondern ihn glücklich zu machen!

Die Ehe fordert nicht dazu heraus, den Partner zum Guten zu ändern, sondern sich selbst. Wer denkt, er verdiene einen anderen, besseren Gefährten, sollte sich nicht wundern, wenn der Ehegatte zum gleichen Schluß kommt.

Oft sind Menschen enttäuscht und unglücklich, weil sie sich hinter Mauern der Isolation verschanzt haben. In der Ehe sollten Brücken des Verständnisses und Vertrauens geschlagen werden. Vergessen wir nie, daß wir selbst jemanden brauchen, dem wir nahestehen — jemanden, bei dem wir laut aussprechen können, was wir denken, ohne Angst, mißverstanden zu werden. Und vergessen wir ebensowenig, daß unser Gefährte das gleiche Bedürfnis hat.

Der Verfasser folgender Zeilen ist unbekannt, doch er beschreibt sehr schön, wie wahre Freundschaft aussieht:

„Ich liebe dich, nicht für das, was du bist, sondern für das, was ich bin, wenn ich bei dir bin.

Ich liebe dich, nicht für das, was du aus dir selbst gemacht hast, sondern für das, was du aus mir machst.

Ich liebe dich für die Seite meines Wesens, die du hervorholst.

Ich liebe dich dafür, daß du deine Hand in mein überladenes Herz steckst, all die wertlosen, schlechten Dinge übergehst, die du da entdeckst, und statt dessen all die schönen, leuchtenden Dinge ans Tageslicht holst, wo kein anderer tief genug geschaut hat, um sie zu finden."

Diese Art Freundschaft baut Brücken und reißt Mauern nieder. Doch das geschieht nicht automatisch, wenn sich zwei ineinander „verlieben". Auf den ersten Blick scheint es, als wäre eine glückliche Partnerschaft mühelos zu erlangen. In Wirklichkeit kann sie nur durch entschiedene Anstrengung, Selbstdisziplin und manchmal Schweiß und Tränen erreicht werden!

Ein leuchtendes Beispiel für wahre Freundschaft zwischen Mann und Frau ist die Ehe von *John* und

Abigail Adams. Oft war *John Adams* im Staatsdienst Monate oder sogar Jahre von seiner Familie getrennt, doch er hielt seine Frau nicht nur über seine Unternehmungen, sondern auch über seine Gedanken, Hoffnungen und Ängste auf dem laufenden. Und *Abigail,* die sich um den Hof und die Kinder kümmerte, setzte sich genausohäufig hin, um ihrem „liebsten Freund" Briefe zu schreiben, die heute zu den Klassikern der Literatur zählen. Glücklicherweise folgte *John* nicht ihrem Rat, „die Briefe zu verbrennen".

In einem der Briefe ermahnte *Abigail* ihren Gatten, sich der „Damen zu erinnern", während er für die Unabhängigkeit des Landes kämpfte. In diesem Zusammenhang schrieb sie sozusagen als Rat für Ehemänner im allgemeinen: „. . . doch wer glücklich sein will, soll bereitwillig die harte Anrede ,Herr' zugunsten des zärtlichen und einnehmenden ,Freund' aufgeben."

Ehepaare heute täten gut daran, sich eine Scheibe von *John* und *Abigail Adams* abzuschneiden.

Philipp Brooks sagte in einer Predigt in einer überfüllten Kirche in New York: „Das Leben gibt Ihnen zurück, was Sie selbst hineinstecken. Doch Sie erhalten ein Vielfaches zurück." Diese Aussage wird immer gültig bleiben, denn sie stimmt mit dem überkommenen Lehrgut der Bibel überein: „Denn was der Mensch sät, das wird er ernten." (Galater 6, 7.)

Wenn Fehler auftauchen

Auch die Ehe hält Enttäuschungen bereit. In diesem Leben ist nichts und niemand vollkommen. Noch nicht einmal Sie oder ich! Gleichgültig, wen man heiratet: Früher oder später wird man entdecken, daß der Gefährte nicht völlig frei von Fehlern ist.

Wenn junge Paare auf die rauhe Wirklichkeit stoßen, verschwindet allmählich die Romantik der Verlobungszeit. Es ist nicht gerade ein Kinderspiel, die Einkünfte so zu strecken, daß alle Ausgaben gedeckt sind, sich an Bedürfnisse und Gewohnheiten des anderen gewöhnen, manch unliebenswerten Zug am anderen zu entdecken und mit all den Kleinigkeiten des Alltags zu Rande zu kommen.

„Man ist mit einem Engel verlobt, doch man heiratet einen Menschen", sagte jemand. Die Ehe sorgt für ein vertrautes Kennenlernen des Partners, und Eigenschaften und Verhaltensweisen werden enthüllt, die man im Traum nicht für möglich gehalten hätte. Nur gut, daß das nicht nur in negativer Weise gilt; denn man bemerkt unerwartete Vorzüge und Qualitäten genauso wie schlechte Seiten. In der Tat, wenn man weise gewählt hat, wird man weit mehr Gutes als Nachteiliges entdecken.

Wenn es zu Enttäuschungen kommt, neigen wir dazu, sie als erstes in Worte zu fassen. Ist das immer klug? Schwierigkeiten müssen offen und ehrlich besprochen und gemeinsam gelöst werden. Doch ewige Nörgelei macht die Sache nur schlimmer. „Lippen, von denen bittere Worte kommen, laden nicht zum Küssen ein."

Kein Mensch kann alle Wünsche und Erwartungen eines anderen erfüllen. Sehr selten kommt es vor, daß ein Ehemann all die Träume verwirklicht, die ein Mädchen vor der Ehe hatte. Und die Ehefrau aus Fleisch und Blut existiert nicht, die alle inneren Hoffnungen und geheimen Sehnsüchte vollkommen erfüllt. Dieser Wahrheit müssen wir uns stellen.

Wir müssen menschlicher Schwachheit und Unzulänglichkeit Raum lassen. Wenn sie uns stören, sollten wir uns erinnern, daß der andere auch mit unseren Fehlern leben muß. Eine gute Ehe ist nicht unbedingt vollkommen. Es ist eine Partnerschaft, in der beide Teile bereit sein müssen, zu geben und zu nehmen, um Vergebung zu bitten und zu vergeben.

Die Kleinigkeiten

In einem Wettbewerb um die beste Beschreibung eines glücklichen Zuhauses wurde folgender Beitrag hoch bewertet: „Ein Platz, an dem wir drei Mahlzeiten am Tag bekommen, doch das Herz tausend." Das weist daraufhin, wie wichtig kleine Aufmerksamkeiten für das Herz sind und wie sehr sie das Verständnis füreinander offenbaren.

Der Mann umarmte seine Frau besonders herzlich, als er an jenem Morgen das Haus verließ. Es war ihr zehnter Hochzeitstag. Auf seinem Weg zur Arbeit kam er an einem Blumenladen vorbei und sah einen Strauß Veilchen im Schaufenster. Er wußte, wie sehr seine Frau Veilchen mochte, und so blieb er stehen und rechnete nach. Im Moment ging es ihnen finanziell nicht so gut, so daß sie jeden Pfennig zweimal umdrehten. Doch aus Liebe zu seiner Frau und um ihr eine außergewöhnliche Freude zu machen, kaufte er die Blumen und brachte sie ihr. Dann mußte er sich beeilen, um nicht zu spät zur Arbeit zu kommen.

An jenem Abend berichteten die Zeitungen von einem Arbeiter, der vom Gerüst gefallen und sofort tot war. Es war der Mann, der seiner Frau am Morgen Veilchen geschenkt hatte. Sie waren sein Abschiedsgeschenk; sie sah ihn nie wieder. Für den Rest ihres Lebens behielt die Frau die Veilchen im Gedächtnis — das letzte Zeichen seiner Liebe zu ihr.

Bricht einer der Partner das Gelöbnis der Treue, so ist das eine unbeschreibliche Tragödie. Oft scheint es nach Lage der Dinge die einzige Lösungsmöglichkeit zu sein, getrennte Wege zu gehen, obwohl das selten alle Probleme löst. Manchmal werden dadurch mehr Schwierigkeiten heraufbeschworen als beseitigt. Wieviel besser ist es da, einen Ausweg zu suchen, wenn der Konflikt zum ersten Mal auftaucht. Wie gesagt wurde: „Es gab noch nie ein so großes Feuer, daß es nicht ein Becher Wasser gelöscht hätte, wäre er früh genug angewendet worden."

Manchmal sieht es so aus, als ob ein Partner den anderen loswerden will. Natürlich schmiedet er keine Ränke oder greift zu einem Gewehr oder zu Gift. Doch es gibt Methoden, die fast genauso wirksam sind. Stete Tropfen von Beleidigungen und Nörgeleien können den Körper nicht töten, aber die Seele, und das kann das Eheleben unerträglich machen.

Jeder von uns sehnt sich nach Sympathie und Verständnis. Wenn ein Mann oder eine Frau dies nicht im eigenen Zuhause findet, wird es anderswo, bei anderen Menschen gesucht. Der Einsame landet dann schnell in den Armen eines anderen, der weder schön noch gut ist, aber dafür all den Beschwerden und Sorgen Gehör schenkt.

Großartige Möglichkeiten

Praktisch findet man in jedem Zuhause und in jeder Ehe großartige Entwicklungsmöglichkeiten für Freude und Zufriedenheit. Gleichgültig wie die Vergangenheit gewesen ist, wir können immer wieder auf der Grundlage von gegenseitigem Verständnis und Zuneigung von vorn beginnen. Überschwengliche Gefühle sind nicht so wichtig wie eine warme, enge Freundschaft.

Wenn ein Mann und eine Frau die guten Seiten des anderen zu würdigen wissen und dies in Worten und Taten bezeugen, haben sie einen guten Anfang gemacht. Sie müssen auch Schwächen des anderen dulden. Gestützt auf gegenseitige Liebe und Selbstbeherrschung, kann die Ehe nach dem göttlichen Plan beständig sein. Einige der größten Belohnungen des Lebens sind solch einer Partnerschaft zugänglich.

WORAUF
ES ANKOMMT

Heute noch glauben? | 16

Ich glaube; hilf meinem Unglauben!
Der Vater eines kranken Jungen
in Markus 9, 24

Es ist eine allzu menschliche Eigenschaft, nur das als wahr zu verstehen und anzuerkennen, wozu man eine positive Einstellung hegt. Umgekehrt scheitern wir, weil wir es manchmal nicht einsehen oder offenkundige Dinge ablehnen und uns eine betont negative Meinung gebildet haben. Es ist sicher nicht einfach, sich solche Schwächen einzugestehen; doch es ist im Leben tatsächlich so.

Ich versuchte zwei englischsprechenden Touristen in einem kleinen norwegischen Dorf zu helfen, wo keiner der Angestellten eines Geschäfts Englisch konnte. Einer der beiden Touristen stellte mir eine Frage, auf die ich keine Antwort wußte, und so wandte ich mich an einen Verkäufer und fragte ihn auf norwegisch. Der schaute mich einfach nur an. Langsam und deutlich wiederholte ich die Bitte. Immer noch sah er verständnislos auf mich und radebrechte dann auf englisch: „Me not understand."

Er hörte mich mit dem Touristen englisch reden. Sein Verstand sagte ihm, daß ich noch englisch spreche, so „hörte" er nicht, daß ich ihn in seiner eigenen Sprache fragte! Natürlich dauerte das Mißverständnis nicht lange. Doch es zeigt, wie unser Denken das beeinflussen kann, was wir verstehen oder annehmen.

Wenn es dann darum geht, ob Gott durch die Bibel spricht, entscheiden viele nicht aufgrund von Tatsachen. Genauso wichtig wie die Sache selbst ist unsere Bereitschaft, zu glauben oder zu zweifeln. Im Fall unserer Beziehung zu Gott drückt die Bibel es so aus: „Keiner kann Gott gefallen, der ihm nicht vertraut. Wer zu Gott kommen will, muß sich darauf verlassen, daß Gott lebt und die belohnt, die ihn suchen." (Hebräer 11, 6, Die Gute Nachricht.)

„Wenn aber einer von euch nicht weiß, was er in einem bestimmten Fall tun muß, soll er Gott um Weisheit bitten. Gott wird sie ihm geben, denn er gibt gern und teilt allen großzügig aus. Er muß Gott aber in festem Vertrauen bitten und darf nicht im geringsten zweifeln. Wer zweifelt, gleicht den Meereswogen, die vom Wind gepeitscht und hin und her getrieben werden. Solch ein Mensch kann nicht erwarten, daß er vom Herrn etwas empfängt; denn wer zweifelt, der ist auch unbeständig in allem, was er unternimmt." (Jakobus 1, 5–8, Die Gute Nachricht.)

Unser Begreifen ist wie ein empfindliches Radiogerät. Es muß auf eine bestimmte Wellenlänge eingestellt werden. Wenn wir nicht auf der richtigen Wellenlänge sind, werden wir entweder nichts hören oder die falsche Nachricht erhalten und falsche Schlüsse daraus ziehen. Doch wenn wir uns auf die richtige Wellenlänge einstellen, bekommen wir die richtige Information.

Diese Tatsache wird durch folgende Worte unterstrichen: „Wer zweifeln will, findet immer Gelegenheit dazu; wer aber die Wahrheit erkennen möchte, wird hinreichende Beweise entdecken, auf die er sich im Glauben stützen kann." (Ellen G. White, „Der bessere Weg", Seite 78.)

„Solange der Mensch nicht unbedingt danach trachtet, in Wort und Tat Gemeinschaft mit Gott zu haben, steht er in Gefahr — mag er auch noch so gelehrt sein —, die Worte der Schrift mißzuverstehen... Wer in der Heiligen Schrift nur nach Widersprüchen sucht, kann zu keinem geistlichen Verständnis kommen. Wo man verkehrte Ansichten hegt, wird man immer Gründe für Zweifel und Unglauben finden, wenngleich die biblischen Aussagen unmißverständlich sind." (Ebd. Seite 82.)

An die Bibel mit einer bejahenden Einstellung heranzugehen bedeutet nicht, unser vernünftiges Denken auszuschließen. Es heißt auch nicht, unsere Augen vor wissenschaftlichen Tatsachen oder logischen Argumenten zu verschließen. Im Gegenteil: Die Wissenschaft hat uns einen überwältigenden Schatz an glaubensaufbauenden Beweismitteln auf dem Gebiet von Geschichte und Archäologie verschafft. Sie sind so zahlreich und so überzeugend, daß man schon stark atheistisch befangen sein muß, um sie n i c h t anzunehmen.

Obwohl es viele und mächtige Tatbestände zugunsten des Glaubens gibt, wird auch die Möglichkeit zu zweifeln immer offenstehen. Sogar Christus konnte nicht alle überzeugen, zu glauben. Unter seinen engsten Nachfolgern herrschten zwei Meinungen über ihn: „Und da sie ihn sahen, beteten sie ihn an; einige aber zweifelten." (Matthäus 28, 17, Pattloch.)

Da war eine Gruppe von Menschen, die dasselbe erlebten. Doch jede Person als Individuum mußte entscheiden, ob sie glauben oder zweifeln wollte. Wir sollten daher nicht überrascht sein, daß es die gleiche Situation heute noch gibt. Sie wird bis ans Ende der Welt bestehen: „Wer zweifeln will, findet immer

Gelegenheit dazu; wer aber die Wahrheit erkennen möchte, wird hinreichende Beweise entdecken, auf die er sich im Glauben stützen kann."

Mangel an Wissen

Jeder Bibelleser entdeckt schnell, daß er nicht alles, was dort steht, verstehen kann. Warum ist Gottes Wort so? Wenn die Bibel Gottes Botschaft an mich enthält, warum kann ich dann nicht alles begreifen?

Daß wir ein Problem nicht auf eigene Faust lösen können, heißt nicht, daß es keine Lösung gibt. Wenn wir selbst die Antwort nicht finden, sind da vielleicht andere, die uns helfen können. In seinem Buch „The Battle for the Bible" führt Dr. *Harold Lindsay* verschiedene Beispiele an. Da ist nämlich in 2. Chronik 4, 2 von einem „gegossenen Meer" (= ein rundes Bronzebecken) im Tempel die Rede. Die vollständigen Maße samt Kreisumfang sind angegeben. Manche Bibelkritiker greifen das an, denn multipliziert man den Durchmesser mit 3,14, so stimmt das Ergebnis nicht mit dem angegebenen Kreisumfang überein. Dr. *Lindsay* enträtselt das sehr einfach. Alle Maße sind richtig, wenn das „Meer" von der Innenseite statt von der Außenseite gemessen wird.

Viele Mißverständnisse über die Bibel können einfach damit erklärt werden, daß wir zu wenig wissen. Einige Kritiker kamen zu Christus und hielten ihm Mosezitate vor, die sie nicht begriffen. „,Ihr seht die Sache ganz falsch', antwortete Jesus. ,Ihr kennt weder die heiligen Schriften, noch wißt ihr, was Gott in seiner Macht vollbringt.'" (Matthäus 22, 29, Die Gute Nachricht.) Die Schwierigkeit lag nicht in dem, was Mose sagte, sondern im Verständnis der Leser, die keine ausreichende Aufklärung über den wirklichen Inhalt der Schriften besaßen. Je mehr wir über das Geschriebene wissen, desto besser verstehen wir es.

Eine erstaunliche Lebenskraft

Als Dr. *J. B. Phillips* das Neue Testament ins moderne Englisch übersetzte, studierte er den Text sehr genau. Er berichtet von seiner Erfahrung:

„Ich bekam heraus, wie ich schon anderswo beschrieben habe, daß, wenn man an den eigentlichen Stoff des Neuen Testaments gerät, seine Lebenskraft erstaunlich ist. Ich selbst fand mich provoziert, herausgefordert, angeregt, getröstet und ganz allgemein von meinem früheren oberflächlichen Wissen der Heiligen Schrift überzeugt. Die Jahrhunderte schienen hinwegzuschmelzen. Hier wurde ich mit Wahrheiten konfrontiert, an die sich meine Seele, wie widerwillig auch immer, gebunden fühlte, sie anzunehmen. Je weiter meine Übersetzungsarbeit voranschritt, desto mehr wuchs diese Überzeugung der geistlichen Wahrheit in mir.

Obwohl ich mein möglichstes gab, um gefühlsmäßig unvoreingenommen zu bleiben, spürte ich wieder und wieder, wie das Material in meinen Händen seltsam lebendig wurde; es redete auf eine unheimliche Weise gegen meine Überzeugung an. Ich sage ,unheimlich' auf der Suche nach einem besseren Wort, doch es war eine fremdartige Erfahrung, nicht nur gelegentlich, sondern fast fortlaufend das lebendige Wesen dieser seltsam ausgewählten Bücher zu fühlen."

Ellen G. White bezeugt ein ähnliches Erlebnis: „Fragst du mich, weshalb ich an Jesus glaube? Weil er mein göttlicher Erlöser ist. Fragst du, weshalb ich der Bibel glaube? Weil ich erfahren habe, daß in ihr Gott zu mir spricht. Fortan tragen wir die Gewißheit in uns, daß Christus der Sohn Gottes ist und daß wir nicht klug erdachten Fabeln folgen." (Ellen G. White, „Der bessere Weg", Seite 83. 84.)

Viele von uns haben die Kraft der Bibel im eigenen Leben erfahren. Wir kennen unseren himmlischen Vater und anerkennen seine Stimme, die durch sein Wort zu uns spricht.

Einer der Vorzüge, der die Bibel über alle anderen Bücher hebt, ist, daß sie den einfachen und ungebildeten Menschen genauso den Weg der Rettung zeigt wie den klugen und hochstudierten. Jedem Menschen eröffnet sie eine besondere Straße zur Erlösung. Gleichzeitig behandelt sie Themen so erhaben und weitreichend, daß sie ständig zu weiterem Lesen und Nachsinnen einlädt.

Hier berühren wir einen bedenkenswerten Punkt: Die Bibel wirft Probleme auf, die weder wir noch irgend jemand anders vollständig lösen kann. Das ist nur natürlich, denn unser menschliches Begriffsvermögen ist begrenzt, während durch die Bibel einer redet, dessen Wissen unendlich ist. Der Apostel Paulus ruft aus: „Wie unerschöpflich ist Gottes Reichtum! Wie unergründlich tief ist seine Weisheit! Wie unerforschlich ist alles, was er tut! Ob er verurteilt oder Gnade erweist – in beidem ist er gleich unbegreiflich. Wer kennt die Gedanken des Herrn. Braucht er etwa einen, der ihn berät? Wer hat Gott jemals etwas gegeben, wofür er eine Gegenleistung fordern könnte? Gott hat alle Dinge geschaffen. Sie bestehen durch ihn und haben in ihm ihr Ziel. Gepriesen sei er für immer und ewig! Amen." (Römer 11, 33—36, Die Gute Nachricht.)

Es ist praktisch unmöglich, ewige Wahrheit in einer Sprache zu beschreiben, die durch menschliche Unvollkommenheit begrenzt ist. *Ellen G. White* drückt es so aus: „Der Herr spricht in unvollkommener Sprache zu Menschen, so daß die degenerierten Sinne, die getrübte Wahrnehmungsfähigkeit der irdischen Wesen seine Worte verstehen können. Das zeigt sich in seiner Herablassung. Er begegnet den gefallenen Menschen dort, wo sie sind. Die Bibel, so vollkommen sie in ihrer Einfachheit ist, vermittelt nicht all die großartigen Ideen Gottes; denn unendliche Ideen können nicht vollkommen in endlichen Vermittlern von Gedanken verkörpert werden."

Gott wählte die Schreiber aus und gab ihnen die Botschaft, doch sie hielten sie in ihren eigenen Worten fest und wählten die Ausdrücke entsprechend ihrer eigenen Persönlichkeit.

Inspiriert durch den Geist — verstanden durch den Geist

Der Heilige Geist inspirierte die Bibel, und nur mit Hilfe desselben Geistes können wir sie verstehen. In der modernen Übersetzung „Die Gute Nachricht" macht der Apostel Paulus deutlich: „Ein Mensch, der nur über seine natürlichen Fähigkeiten verfügt, lehnt ab, was der Geist Gottes enthüllt. Es kommt ihm unsinnig vor. Er kann nichts damit anfangen, weil man es nur mit Hilfe des Geistes beurteilen kann." (1. Korinther 2, 14, Die Gute Nachricht.)

Kein noch so umfassendes Theologiestudium, keine archäologische Nachforschung oder Untersuchung der geschichtlichen Dokumente kann bedingungslose und unbestreitbare Beweise der geistlichen Wahrheit erbringen. Dieselbe übernatürliche Macht, die die Verfasser anregte, die Worte niederzuschreiben, und sie durch die Jahrhunderte bewahrte, muß die Gedanken des Lesers beeinflussen, das zu verstehen und anzunehmen, was er soll.

Es heißt, man kann die Zahlen auf einer Sonnenuhr ablesen, doch man kann nicht sagen, wie weit der Tag fortgeschritten sei, es sei denn, die Sonne scheine darauf. Ebenso können wir die gedruckten Wörter in der Bibel lesen und den tiefen Sinn, den sie für uns enthalten, verfehlen. Wir entdecken ihn nur, wenn der Geist Gottes unseren Verstand erleuchtet.

Manche Dinge im Leben können nicht völlig auf der Grundlage von Beweisführung oder Vernunft entschieden werden. Dazu gehören der Glaube an Gott und die Überzeugung, daß er durch seine heiligen Schriften lebendige Worte verkündet. Gott lädt uns ein, diesen Versuch in unserem eigenen Leben zu wagen. „Schmecket und sehet, wie freundlich der Herr ist." (Psalm 34, 9.) Wenn er sagt „schmecket", ist das eine Ermutigung, eine Herausforderung, es selbst auszuprobieren. Das einzige Labor, das wir für dieses Experiment brauchen, ist unser eigenes Leben.

Dr. *Carl F. Wisløff*, einer der führenden Lutherforscher in Nordeuropa, lehrt Theologie an der Universität Oslo. Er sagt: „Kein Mensch kann die Prophetie und die apostolischen Zeugnisse verstehen oder aufnehmen ohne Unterstützung des Heiligen Geistes (1. Korinther 2, 14). Ein Mensch, der nicht wiedergeboren wurde, mag christliche Wahrheiten in

153

seinen Kopf stopfen, soviel er will, bis er sie von seinem theologischen Wissen her auswendig hersagen kann. Doch früher oder später wird es ihm offenbar, daß sein Herz nicht Besitz von ihnen ergriffen hat. Daher ist Theologie — die Lehre von Gott — nur eine Sache für den wiedergeborenen Menschen."

Für viele ist die Bibel ein überholtes Buch. Sie meinen, die Bibel handle bloß von Geschichten über Männer und Frauen, die schon lange tot sind, und mystischen Theorien über Sünde, Tod, Rettung und Auferstehung. Dem werde ein wenig Gericht, Strafe und ewiges Leben in einer neugeschaffenen Welt beigemischt. Doch das Buch der Bücher ist weit mehr als das.

Das Buch kennt uns

Wenn wir die Bibel mit Aufgeschlossenheit lesen und bereit sind, den Anweisungen zu folgen, macht sie unser Leben bedeutungsvoll. Wir können die gleiche Erfahrung wie *Emile Caillet,* ein Franzose, machen. Er war ein junger Atheist, als er in die Kirche kam und zum ersten Mal die Bibel las. Er war noch nicht weit vorangekommen, als er überrascht ausrief: „Dieses Buch kennt mich!" Das Ergebnis der Gegenüberstellung mit der Bibel war, daß er ein eifriger Christ wurde.

Ich war von der Aussage eines modernen Wissenschaftlers beeindruckt, der erklärte: „Als Wissenschaftler wende ich das biologische ‚Alles oder nichts-Prinzip' an, wenn es um die Schrift geht, und es ist meine persönliche Überzeugung. Es gibt keinen vernünftigen Grund, anders zu leben. Es gibt keine Hoffnung für die Zukunft ohne Schöpfer und Erlöser. Das Wissen, daß ich durch seine Gnade unter denen sein werde, die die Gebote Gottes halten und seine Gerechtigkeit geschenkt bekommen sowie ewiges Leben in einem vollkommenen Universum, bringt meiner Seele Frieden." (Asa C. Thoresen)

Genau wie dieses großartige Buch zu einem international berühmten Wissenschaftler, zu *Ellen G. White* und zu dem Bibelübersetzer *J. B. Phillips* sprach, so spricht es auch zu uns. Das ist eines der Wunder der Bibel. Sie ist Gottes persönlicher Brief an jeden.

Wenn sich die Sonne hinter Wolken versteckt oder die Nacht ohne Sterne ist, hilft nichts so wie die Bibel. Sie ist ein Buch über Dinge, die andauern. Dort finden wir den ursprünglichen Bericht über Jesus und sein Sühnopfer. Ohne sie wüßten wir nichts über sein Leben, seine Lehren und den Weg zum ewigen Leben.

Wie gut haben wir es, die wir ungehinderten Zugang zu allen Schätzen der Bibel haben! Wenn wir beten, sprechen wir mit Gott. Wenn wir die Bibel lesen, spricht Gott zu uns. Lesen wir die Bibel mit einer demütigen, aufnahmebereiten Einstellung, wird der göttliche Geist, der die Verfasser inspirierte, unser Verständnis erhellen und unseren Glauben stärken.

Ein besorgter Vater brachte seinen kranken Sohn zu Jesus. Er hatte nur ein wenig Glauben, aber ein Gebet, das von Herzen kam: „Ich glaube; hilf meinem Unglauben!" (Markus 9, 24.) Als Antwort auf dieses ehrliche Anliegen fand ein Wunder statt. Wenn wir eine ebenso ehrliche Bitte in der Bereitschaft zu glauben im Herzen aussprechen, werden auch wir eine Antwort erhalten, die unseren Glauben stärkt.

Der einfache Weg zum ewigen Leben

> *Die Worte der Vergebung, die er zu dem reumütigen Verbrecher sprach, ließen ein Licht aufleuchten, das in die entlegensten Teile der Erde schien.* Ellen G. White

Dieses Kapitel handelt von einem Mann, der einen klaren und einfachen Weg zu einem neuen Leben mit Christus entdeckte. Ich betrachte ihn als den größten Bekenner des Glaubens in der Bibel.

Ich denke nicht an Abraham, Mose, Joseph oder Daniel. Auch nicht an Paulus, Petrus oder Johannes. Ich kann noch nicht einmal seinen Namen nennen.

Doch dieser Mann bewies seinen Glauben an Christus, als ihn alle anderen verleugneten, und er glaubte, als alle anderen zweifelten. Er wurde an der Seite Jesu gekreuzigt.

Lukas beschreibt das Geschehen mit diesen Worten: „Zusammen mit Jesus wurden zwei Verbrecher zur Hinrichtung geführt. Als sie zu der Stelle kamen, die ,Schädel' genannt wird, nagelten die Soldaten Jesus ans Kreuz, und mit ihm die beiden Verbrecher, den einen links von Jesus, den anderen rechts. Jesus sagte: ,Vater, vergib ihnen! Sie wissen nicht, was sie tun.' Die Soldaten verlosten seine Kleider.

Das Volk stand dabei und sah bei der Hinrichtung zu. Die führenden Juden verspotteten Jesus: ,Anderen hat er geholfen; jetzt soll er sich selbst helfen, wenn er wirklich der ist, den Gott uns als Retter bestimmt hat!'

Auch die Soldaten machten sich lustig über ihn; sie reichten ihm Essig und sagten: ‚Hilf dir selbst, wenn du wirklich der König der Juden bist!' Über seinem Kopf brachten sie eine Aufschrift an: ‚Dies ist der König der Juden.'

Einer der Verbrecher, die mit ihm gekreuzigt worden waren, beschimpfte ihn: ‚Bist du denn nicht der versprochene Retter? Dann hilf dir selbst und uns!' Aber der andere wies ihn zurecht: ‚Hast du immer noch keine Furcht vor Gott? Du bist doch genauso zum Tod verurteilt, und du bist es mit Recht. Wir beide leiden hier die Strafe, die wir verdient haben. Aber der da hat nichts Unrechtes getan.' Und zu Jesus sagte er: ‚Denk an mich, Jesus, wenn du deine Herrschaft antrittst!' Jesus antwortete ihm: ‚Ich sage dir, du wirst noch heute mit mir im Paradies sein.'" (Lukas 23, 32—43, Die Gute Nachricht.)

Er sah Jesus

Wir wissen nicht, warum die römischen Beamten jenen Mann zum Tode verurteilten. Die kurze biblische Erzählung klärt nicht, was er getan hatte, um „Verbrecher" genannt zu werden. Wir wissen allerdings, daß er am Kreuz betete und sofort Antwort darauf erhielt.

„Denk an mich, Jesus, wenn du deine Herrschaft antrittst!" Was bewirkte diesen Glauben, der in dem Gebet des Mannes zum Ausdruck kommt?

Er sah den *wahren* Jesus. Das war ein Wunder, daß er das tat, denn Christi echte Größe war nie zuvor so verhüllt wie an jenem Tag, als er zwischen den beiden Verbrechern am Kreuz hing.

Heute weiß keiner mehr genau, wo die Kreuze standen. Doch viele glauben, daß Golgatha, „die Schädelstätte", jener kleine Hügel ist, der sich nur wenige hundert Meter vom Damaskustor entfernt in Jerusalem erhebt. Eines Tages besuchte ich den Garten, wo das Grab Jesu gelegen haben soll. Und ich schaute hinauf zu dem berühmtesten Hügel der christlichen Welt. Mir wurde bewußt, daß er wie ein Schädel aussah. Ich setzte mich auf eine Parkbank, las das 23. Kapitel des Lukasevangeliums und versuchte mir vorzustellen, was an jenem entscheidenden Tag geschah.

Vom Kreuz aus hatte der Verbrecher einen guten Ausblick auf das ganze Geschehen. Unter den Leuten, die den Hügel bevölkerten, bemerkte er die Herrscher, die Priester, die Schriftgelehrten und Ältesten. Sie zeigten ihren nackten Haß dem „Zimmermannssohn" gegenüber, der behauptet hatte, der Messias zu sein. Sie schüttelten ihre Köpfe, schmähten und verhöhnten ihn mit spöttischem Tonfall: „Du wolltest den Tempel niederreißen und in drei Tagen wieder aufbauen! Wenn du Gottes Sohn bist, dann befrei dich doch und komm herunter vom Kreuz!" (Matthäus 27, 40, Die Gute Nachricht.)

Wenn der Verbrecher auf die religiösen Führer blickte, sah er sicher nichts, was ihn zum Glauben an Jesus als Gottes Sohn brachte.

Er beobachtete auch die römischen Soldaten. Als Vertreter der Regierung fesselten sie Jesus an einen Pfahl, verspotteten ihn und schlugen ihn mit Stöcken, und später nagelten sie seine Hände und Füße ans Kreuz.

Wie konnte jener Verbrecher den Retter der Welt in einem Mann sehen, der so litt?

Jesus in den Vorhersagen

Zweifellos weckte das ungewöhnliche Verhalten Jesu Fragen in diesem Mann. Warum reagierte Jesus nicht? Wenn er wirklich der Messias war, warum befreite er sich nicht vom Kreuz? Warum offenbarte er nicht seine göttliche Macht? Warum schlug er seine Peiniger nicht nieder und brachte die aufgebrachte Menge zum Schweigen? Er hörte auch die Aufforderung des zum Tode Verurteilten auf der anderen Seite Jesu: „Bist du denn nicht der versprochene Retter? Dann hilf dir selbst und uns!"

Doch keine Rettung wurde den drei sterbenden Männern zuteil. Keine übermenschliche Kraft schritt ein, um ihr Leiden zu beenden. Keine göttliche Gerechtigkeit schien sich um die Ungerechtigkeit der Herrscher und das unmenschliche Benehmen ihrer Werkzeuge zu kümmern.

In dem Gedränge nahm der Verbrecher einige jener wahr, die Jesus drei Jahre lang gefolgt waren. Sie hatten einst bezeugt: „Du bist Christus, der Sohn des lebendigen Gottes!" (Matthäus 16, 16, Die Gute Nachricht.) Glaubten sie noch an ihn? Ihre Mienen enthüllten äußerste Verwirrung und Entmutigung.

Ungefähr siebenhundert Jahre früher hatte der Prophet Jesaja vorhergesagt, wie die Menschen sich verhalten würden, wenn der Messias die Sünde der Welt sühnen würde:

„Er war der Allerverachtetste und Unwerteste, voller Schmerzen und Krankheit. Er war so verachtet, daß man das Angesicht vor ihm verbarg; darum haben wir ihn für nichts geachtet... Aber er ist um unsrer Missetat willen verwundet und um unsrer Sünde willen zerschlagen. Die Strafe liegt auf ihm, auf daß wir Frieden hätten, und durch seine Wunden sind wir geheilt. Wir gingen alle in die Irre wie Schafe, ein jeder sah auf seinen Weg. Aber der Herr warf unser aller Sünde auf ihn." (Jesaja 53, 3. 5. 6.)

Der gekreuzigte Gefangene sah die Worte buchstäblich erfüllt. Jesus war wahrhaftig verachtet; keiner beachtete ihn. Sogar seine eigenen Nachfolger wandten sich von ihm ab. Nicht eine Stimme verteidigte Jesus. Nicht ein einziger bezeugte seinen Glauben. Auf Golgatha gab es nur Zweifel, Spott, Leiden und grenzenlose Demütigung.

Doch irgendwie sah der Verbrecher hinter diese Hülle und erkannte Jesus als Gottes Sohn. Bevor die römischen Soldaten ihm die Beine brachen, um sein Sterben zu beschleunigen, sprach er ein beeindrukkendes Gebet des Glaubens.

Der Einfluß Jesu

Die kurze Zeit, die der zum Tode Verurteilte mit Jesus verbrachte, veränderte sein Leben radikal. Da sie gemeinsam gekreuzigt wurden, waren sie wohl auch während des Prozesses zusammen. Das Wenige, das er vom „Retter" gesehen hatte, reichte aus, um ihn zu überzeugen, daß er nie zuvor einen Menschen wie Jesus getroffen hatte. Er sah Jesus vor dem Richter. Zusammen gingen sie hinaus nach Golgatha, und er beobachtete Jesus am Kreuz.

Jesus ändert Menschen. Die Prostituierte am Jakobsbrunnen lauschte seinen Worten während einer kurzen Mittagspause. Sein Einfluß gab ihrem Leben eine neue Richtung; sie wurde die erste Missionarin unter den Samaritern. Bei Johannes dauerte es länger. Er schlug in seinem Eifer für Gottes Sache einmal vor, Gott möge einen Ort mit Feuer strafen. Doch die Gegenwart Jesu bewirkte eine drastische Änderung in ihm. Vor seinem Tod wurde Johannes als Apostel der Liebe bekannt.

Die kurze Gemeinschaft, die der Verbrecher mit Jesus hatte, schuf einen Glauben, der ihn zum Beten brachte. Dadurch bekan er ein Leben zugesagt, das ihm keiner rauben konnte.

Im Gerichtssaal hörte er Pilatus bekennen: „Ich finde keine Schuld an ihm" (Johannes 18, 38), und er wiederholte noch einmal: „Nehmt ihr ihn hin und kreuzigt ihn, denn ich finde keine Schuld an ihm." (Johannes 19, 6.)

Als der Verbrecher Jesus ansah, begann er die Wahrheit in den Worten des Pilatus zu verstehen. Er hörte Jesus beten, nicht etwa für seine eigene Rettung oder um Rache an denen, die ihn verurteilten und ihm das Leben nahmen, sondern darum, daß Gott ihre Grausamkeit verzeihen möchte. Nie zuvor hatte der Verbrecher gehört, daß ein Gequälter Entschuldigungen für seine Peiniger fand oder für sie betete: „Jesus sagte: ,Vater, vergib ihnen! Sie wissen nicht, was sie tun.'" (Lukas 23, 34, Die Gute Nachricht.)

Der Heilige Geist erleuchtet seinen Verstand

Licht vom Heiligen Geist schien in seinen verfinsterten Verstand, und er drückte seine Überzeugung aus: „Aber der da hat nichts Unrechtes getan." (Lukas 23, 41, Die Gute Nachricht.) Die Heiligkeit, die von Jesus ausging, schenkte ihm eine neue, tiefgehende Erfahrung. Er entdeckte wie zahllose andere nach ihm, daß, wer sich Jesus mit offenem Herzen zuwendet, sich seinem göttlichen Einfluß nicht entziehen kann.

Der Heilige Geist fügte Erfahrungen, Zeugnisse und Erinnerungen zusammen, die ihn, gemeinsam mit dem, was er bei der Kreuzigung erlebte, zum Glauben und zu einer völligen Hingabe führten. Wahrscheinlich hatte er, wie die meisten Juden, häufig Sünder gesehen, die ein unschuldiges Lamm zum Tempel brachten und es als Symbol für den ersehnten Messias opferten. Nun sah er das Symbol Wirklichkeit werden in dem wahren „Gottes Lamm, welches der Welt Sünde trägt!" (Johannes 1, 29.)

Ich glaube, daß ihn die Geschehnisse auch an die alten Texte erinnerten, die ihm die Lehrer als Kind in den Synagogen vorgelesen hatten. Die Worte des alten Testamentes beschreiben den Messias mit überzeugender Genauigkeit: „Ich bot meinen Rücken dar denen, die mich schlugen, und meine Wangen denen, die mich rauften. Mein Angesicht verbarg ich nicht vor Schmach und Speichel." (Jesaja 50, 6.) „Als er gemartert ward, litt er doch willig und tat seinen Mund nicht auf wie ein Lamm, das zur Schlachtbank geführt wird; und wie ein Schaf, das verstummt vor seinem Scherer, tat er seinen Mund nicht auf." (Jesaja 53, 7.) „Sie geben mir Galle zu essen und Essig zu trinken für meinen Durst." (Psalm 69, 22.)

Am Kreuz sah dieser todgeweihte Mann Jesus in neuem Licht. Und als er das tat, sah er auch sein eigenes, wahres Bild. Er sagte zu seinem Kameraden am Kreuz: „Hast du immer noch keine Furcht vor Gott? Du bist doch genauso zum Tod verurteilt, und du bist es mit Recht. Wir beide leiden hier die Strafe, die wir verdient haben." (Lukas 23, 40, Die Gute Nachricht.)

Wir wissen nicht, wie gekonnt er sich vor dem Richter in Jerusalem verteidigt hatte. Wir wissen nicht, ob er versucht hatte, seine Unschuld zu beweisen oder seine Taten zu verteidigen. Doch wir wissen, daß er Jesus gegenüber nichts zu seiner Verteidigung vorbrachte. Statt dessen bekannte er seine Schuld und betete.

„Denk an mich, Jesus...!"

Welch ein Gebet das ist! In seiner verzweifelten Lage richtete er sein letztes Gebet an den einen, von dem sich alle anderen abwandten.

Die Leute hatten Jesus abgelehnt. Die Priester beschuldigten ihn der Gotteslästerung. Die Behörden verurteilten ihn zum Tode. Seine eigenen Nachfolger hatten ihn im Stich gelassen. Im Herzen des Verbrechers herrschte jedoch kein Zweifel. Sein Gebet zeigte seinen Glauben und völliges Vertrauen: „Denk an mich, Jesus, wenn du deine Herrschaft antrittst!" (Lukas 23, 42, Die Gute Nachricht.) Der Verbrecher wußte, daß sein Tod näherrückte. Er wußte auch, daß Jesus starb. Doch er glaubte, daß der Tod den Sohn Gottes nicht halten könne.

„Denk an mich...!" Er erkannte die Göttlichkeit Jesu im Gegensatz zu seiner eigenen Unwürdigkeit. Er bat um Rettung, weil er wußte, daß er verloren war. Und er erhielt sofort Antwort auf sein persönliches Gebet des Glaubens. Jesus versprach, ihn im Paradies zu treffen.

Jesus versprach dem reuigen Sünder nicht, ihn am selben Tag im Paradies zu treffen. Jesus selbst ging nicht am selben Tag in den Himmel. Am Sonntag, kurz nach seiner Auferstehung, gebot er Maria: „Rühre mich nicht an! denn ich bin noch nicht aufgefahren zum Vater." (Johannes 20, 17.)

Nach Jesu eigener Aussage konnte er den Verbrecher am Tag der Kreuzigung also gar nicht im Himmel getroffen haben, da er zwei Tage später selbst noch nicht dagewesen war.

„Wahrlich, ich sage dir: Heute wirst du mit mir im Paradiese sein." (Lukas 23, 43.) Wenn man einfach das Komma in jenem Versprechen anders setzt, lösen sich alle Schwierigkeiten in Nichts auf. Manche Übersetzer tun das. Das verstößt nicht gegen den Sinn dessen, was Lukas damals schrieb, denn er benutzte keine Zeichensetzung. Und das Adverb „heute" kann beides näher erläutern, das „Ich sage dir" wie das „... du wirst". Wenn es das „Ich sage dir" erklärt, stimmt es mit den Worten Jesu an Maria überein, der er erklärt, er sei noch nicht bei seinem Vater im Paradies gewesen.

Der Erlöser versprach dem sterbenden Verbrecher an eben jenem Tag, in jenem Augenblick, daß er ewiges Leben haben würde, sobald Jesus in dem Glanz seines Königreiches kommen würde.

Der Verbrecher betete nicht: „Denk an mich, wenn ich sterbe!" Er sagte: „Denk an mich, Jesus, wenn du deine Herrschaft antrittst!" Jesus versprach ihm genau das, worum er bat. Wenn Jesus auf dem Thron seiner Herrlichkeit als König aller Könige erscheinen wird, dann wird er sich an jenen Mann erinnern und seine Zusage wahr machen.

Das Wort „heute" erhält eine tiefe Bedeutung, wenn man es als Zeitpunkt versteht, an dem das Gelöbnis gegeben wurde. An dem scheinbar hoffnungslosen Tag, als Jesus als Verbrecher gekreuzigt wurde, an dem Tag, als ihn alle verließen, ihn sogar seine engsten Nachfolger verleugneten, an dem Tag sagte er dem Verbrecher ewiges Leben zu!

Der Tod Jesu bedeutete nicht Niederlage, sondern Sieg. Als die Jünger das später begriffen, erinnerten sie sich an die Vorhersage Jesu über seinen Tod am Kreuz: „Und ich, wenn ich erhöht werde von der Erde, so will ich alle zu mir ziehen." (Johannes 12, 32.)

Ein einfacher Weg

Wir wissen nicht, wie lange der Verbrecher noch lebte, nachdem er Jesus als seinen Retter angenommen hatte. Vielleicht waren es Stunden, vielleicht nur Minuten. Er nutzte seine letzte Chance, Jesus als Erlöser anzuerkennen.

Wie lange zögern wir schon eine Entscheidung hinaus? Wie viele Jahre, wie viele Wochen, wie viele Stunden haben wir noch zur Verfügung? Es stimmt, wir können innerhalb eines Augenblicks zu Jesus kommen, aber wissen wir, wieviel Zeit wir noch übrig haben? Wir wissen nicht einmal, ob wir später überhaupt zu Jesus kommen *wollen*. Jetzt ist die Zeit, Rettung zu erhalten!

Alles wird so einfach, wenn wir den Weg des Verbrechers zu Jesus betrachten.

Erstens: Er nahm Jesus als seinen Retter an.

Zweitens: Er bekannte seine Schuld.

Drittens: Er wandte sich im Gebet an Jesus.

Warum tun wir nicht jetzt das gleiche? Wir können mit eigenen Worten, unseren Bedürfnissen gemäß, beten. Vielleicht möchten wir auch dieses Gebet gemeinsam sprechen:

„Lieber Jesus, ich glaube an dich als meinen Herrn und Retter. Du kannst mein Leben verändern. Bitte, tue es jetzt. Vergib mir meine Schuld und halt mich vom Bösen ab! Jesus, wenn du in die Herrlichkeit deines Königreiches kommst und an den Verbrecher denkst, der am Kreuz starb, wirst du dich auch an mich erinnern? Danke, weil du mir hilfst, zu glauben und deine Zusage auf ewiges Leben anzunehmen. Amen."

> *Trotz der irremachenden Ratlosigkeit in allen*
> *Dingen und von Sturm und Flut umherge-*
> *schleudert, hängt mein Sinn an einem Trost:*
> *Ich weiß, daß Gott gut ist!*
>
> John Greenleaf Whittier

M. E. Pearce versuchte darzustellen, wie Gott tröstet. Er drückte seine ermutigenden Gedanken, daß Gott wirklich besorgt um uns ist, in diesen schönen Worten aus:

„Kind meiner Liebe, stütze dich stark auf mich! Und laß mich das Gewicht deines Kummers spüren. Ich kenne deine Last, ich habe sie geformt. Ich nahm sie in meine Hand und wog sie ab, so wie ich es als Bestes für dich ansah. Und als ich sie dir auf deine zurück-schreckenden Schultern legte, sagte ich, ‚Ich werde nahe sein, und während du dich auf mich stützt, wird deine Last die meine sein, nicht die deine!'"

Ein Christ ist nicht der völligen Finsternis oder Hoffnungslosigkeit überlassen, wenn die Anfechtungen des Lebens ihn niederzuschmettern drohen.

Keine glatten Antworten

Das bedeutet jedoch nicht, daß jedes Leiden auf menschliche Weise erklärt werden kann. Wahrscheinlich versteht niemand bis ins letzte, warum es

Sorgen und Krankheiten gibt oder warum Gott Grausamkeiten von Menschen an Menschen zuläßt. Dieser Teil der menschlichen Erfahrung wirft viele Fragen auf, für die wir vergeblich nach gültigen Antworten forschen.

Kummer wird jeden von uns heimsuchen. Wenn wir verwirrt und enttäuscht fragen: „Warum mußte ausgerechnet mir das passieren?" oder „Warum müssen meine Lieben so etwas durchmachen?", gibt es keine glatten Antworten. Diese Geheimnisse kann das menschliche Verständnis einfach nicht lösen.

Bei manchen Nöten ist es gar nicht so schwer, die Gründe herauszufinden. Wenn da jemand trinkt und dann Auto fährt, wundert sich keiner über einen Unfall. Wenn einer unmäßig raucht und Lungenkrebs bekommt, überrascht das die Ärzte kaum. Wie gut das Gesetz von Saat und Ernte funktioniert, wird oft drastisch bewiesen.

Doch wie steht es um das unschuldige Kind, das von einem Betrunkenen angefahren wird? Oder dem gesund lebenden Mann, der von einer unheilbaren Krankheit befallen wird? Der Apostel Petrus deutet auf jenes Rätsel hin, wenn er sagt:

„Meine lieben Freunde, wundert euch nicht über die harte Probe, die wie ein Feuersturm über euch gekommen ist. Sie kann euch nicht unerwartet treffen." (1. Petrus 4, 12, Die Gute Nachricht.)

Wenn wir unerwarteten Schwierigkeiten, schweren Anfechtungen, unglücklichen Mißverständnissen und persönlichen Tragödien gegenüberstehen, vergessen wir häufig, daß all dies weder neu noch einzigartig ist. Nach dem eben zitierten Text hatten die Gemeindeglieder vor etwa 2000 Jahren die gleichen Probleme wie wir heute. Und noch lange vor deren Zeit wird uns im Buch Hiob, das als eines der ältesten Bücher der Bibel angesehen wird, ähnliches erzählt: „Der Mensch, vom Weibe geboren, lebt kurze Zeit und ist voll Unruhe." (Hiob 14, 1.) Zumindest auf diesem Gebiet scheint sich nichts geändert zu haben! In dieser unruhigen Welt sind Herzeleid und Schmerzen im Überfluß vorhanden.

Einigen macht es zu schaffen, daß Katastrophen und Unglück die Guten genauso treffen wie die Bösen. Manchmal scheinen die Menschen, die Gott treu sind, mehr als ihren Anteil an Leid aufgeladen zu bekommen. Das ist es, woran der Liederdichter Asaph dachte, als er den 73. Psalm schrieb! Das offensichtliche Wohlergehen der Gottlosen und die harten Prüfungen der Gottesfürchtigen waren ihm ein Rätsel, bis Gott ihn auf das Ende hinwies.

Die Bibel macht deutlich, daß das Leid an sich als Folge der Sünde in die Welt kam. Wenn die Sünde diesen Planeten nie betreten hätte, dann gäbe es kein Leid. Wenn Gott die Sünde beseitigen und die Erde neu schaffen wird, wird es nicht länger Tränen der Sorge, Herzeleid oder Schmerzen geben: „Gott wird abwischen alle Tränen von ihren Augen, und der Tod wird nicht mehr sein, noch Leid noch Geschrei noch Schmerz wird mehr sein; denn das Erste ist vergangen." (Offenbarung 21, 4.)

Daß die Sünde Leid bewirkt, bedeutet aber nicht unbedingt, daß ein einzelner Mensch leidet, weil er in seinem Leben gesündigt hat. In Wirklichkeit wird viel von dem Kummer, den ein Mensch mitmacht, von anderen verursacht. In manchen Fällen bringt der Teufel in Bedrängnis wie bei Hiob, und es gibt schwere Erfahrungen, die Gott zuläßt, weil er ein bestimmtes Ziel im Sinn hat, das wir nicht erkennen können. „Denn unser Wissen von Gott ist Stückwerk, und unser prophetisches Reden ist Stückwerk. Doch wenn sich die ganze Wahrheit zeigt, dann ist es mit dem Stückwerk vorbei ... Jetzt sehen wir nur ein unklares Bild wie in einem trüben Spiegel; dann aber stehen wir Gott gegenüber. Jetzt kennen wir ihn nur unvollkommen; dann aber werden wir ihn völlig kennen, so wie er uns jetzt schon kennt." (1. Korinther 13, 9. 10. 12, Die Gute Nachricht.)

Keine Absicherung gegen Sorgen

Christus anzunehmen heißt nicht, automatisch vor Sorgen geschützt zu sein. Jesus selbst war „voller Schmerzen und Krankheit" (Jesaja 53, 3). Seine Freunde, die Regierung, die religiösen Führer, seine Feinde — alle bereiteten ihm maßlose körperliche und seelische Todesqualen. In Gethsemane fühlte er sich von den Lasten niedergedrückt, die auf ihn gelegt waren, wie im folgenden Abschnitt gezeigt wird: „Während seines Lebens auf der Erde betete und flehte Jesus mit lautem Schreien und unter Tränen zu dem, der ihn vom Tod retten konnte, und er bekam Antwort, weil er Gott ehrte. Obwohl er Gottes Sohn war, hat er durch seine Qualen gelernt, was Gehorsam heißt." (Hebräer 5, 7. 8, Die Gute Nachricht.)

Jesus litt, weil er sich auf feindlichem Gebiet befand. Wenn wir leiden, ist es auch deshalb, weil wir in dieser Welt der Sünde leben, und nicht, weil Gott uns aufgegeben hat.

Gott versprach seinem Volk nie, daß es ein leichtes Leben haben würde. Er versprach aber, es durchzubringen. Der Glaube befreit niemanden von Leid, doch er gibt die Kraft, durchzuhalten und aus dem Kampf gegen die Anfechtungen als Sieger hervorzugehen. In einem seiner Briefe an die Gemeinde bezieht sich Paulus auf „Trübsal oder Angst oder Verfolgung" (Römer 8, 35), denen Christen standhalten müssen, und fragt, ob uns diese Schwierigkeiten von Christi Liebe trennen können. „Aber in dem allem überwinden wir weit durch den, der uns geliebet hat." (Römer 8, 37.)

Paulus betont hier, daß Gott uns liebt. Gleichgültig, was geschieht: Gott ist Liebe, und wir können nicht gegen unseren Willen von dieser Liebe getrennt werden. Manchmal mag es für uns unverständlich sein, doch es ist nötig, zu vertrauen und Gott zu danken. Manchmal lernen wir eher in Zeiten der Prüfungen und Nöte, Gott zu vertrauen, als an leichten, angenehmen Tagen. Jemand sagte einmal, daß man die volle Schönheit der Sterne nur in einer sehr dunklen Nacht erkennen kann und die Farben des Regenbogens am stärksten vor einem stürmischen Himmel hervortreten.

Was der Glaube bewirkt

Es schmerzt, sich vorzustellen, was Leid für diejenigen beinhaltet, die nicht an den lebendigen Christus und an einen liebenden Gott glauben, der alles zu unserem Besten ausführt. Der Glaube an Christus ist nicht nur eine Hoffnung für das kommende Leben, sondern auch die Gewißheit einer helfenden und leitenden Hand in dieser Welt. Wir wissen, daß für Christus nichts zu schwer ist. Er unterstützt uns in jedem Leid, das uns auf unserem Weg begegnet.

Ich denke oft an einen alten Freund, der in ausweglosen Lagen stets meinte: „Ich bin gespannt, wie der Herr das lösen wird." Wir sollten das gleiche Vertrauen besitzen, denn Gott läßt nie eins seiner Kinder im Stich. Er weiß immer, wo wir sind. Er hält seine Augen offen.

Gottes Wissen um alle Einzelheiten unseres Lebens wird in der Geschichte des Propheten Ananias in Apostelgeschichte 9 veranschaulicht. Gott trug dem Propheten auf, zu einem gewissen Mann namens Saulus zu gehen — einem suchenden, leidenden Menschen. Ananias folgte und traf alles genauso an, wie von Gott vorhergesagt. Gott wußte und nannte den Straßennamen, das Haus und den Namen des Mannes. Er weiß auch jedes Detail meines Lebens. Er weiß, wie meine Straße heißt. Er weiß, welches Haus und welche Zimmer darin mir gehören. Er kennt meinen Namen, meine Umstände. Er kennt mich.

Wir können Gott nicht für alles verantwortlich machen, was uns zustößt, weil er das Böse nicht bewirkt. Eins aber will und tut Gott. Er achtet darauf, daß alle Dinge aufs beste für seine Kinder hinauslaufen. Es ist nicht einfach, das zu glauben, wenn wir gerade eine bedrückende Erfahrung durchzustehen haben. Trotzdem ist es wahr. Manchmal beantwortet Gott Gebete anders, als wir denken. Ein unbekannter holländischer Soldat schrieb in sein Tagebuch:

> „Ich bat Gott um Kraft, um erfolgreich zu sein; er machte mich schwach, damit ich lernte, gehorsam zu sein.
> Ich bat um Gesundheit, um Großes zu tun; ich bekam Gebrechen, um bessere Dinge zu tun.

Ich bat um Reichtum, um glücklich zu sein; ich bekam Armut, um weise zu werden.

Ich bat um Stärke, um den Ruhm der Menschen zu erlangen; ich bekam Schwachheit, um zu fühlen, wie sehr ich Gott brauchte.

Ich bat um alles, was das Leben schön macht; ich bekam Leben, um alles zu genießen.

Ich bekam nichts von dem, worum ich bat; aber alles, was ich erhoffte.

Fast gegen meinen Willen wurden meine unausgesprochenen Gebete beantwortet.

Ich bin unter allen Menschen am reichsten gesegnet."

Ich denke oft an ein Gebet, das ich hörte, als ich einmal bei einer christlichen Familie übernachtete. Bevor wir uns eine gute Nacht wünschten und zu Bett gingen, hielt die Familie mit mir zusammen Andacht. Wir lasen einen Bibeltext über die himmlischen Bücher, in denen die Namen der Kinder Gottes vermerkt sind. Als wir nun zum Beten niederknieten, sprach die kleine Tochter eine Bitte aus, die Gott sicher erreichte: „Lieber Gott, bitte schreibe meinen Namen in dein Buch. Ich heiße Maria."

Für sie war Gott Wirklichkeit und ihr nahe. Er kann das für jeden von uns sein. Bei jeder Sorge und Schwierigkeit können wir uns „stark auf ihn stützen".

Es reicht nicht aus, an Gesetz und Macht zu glauben, an Dinge, die kein Mitgefühl haben und nimmermehr den Schrei nach Hilfe vernehmen. Wir müssen um einen allmächtigen Arm wissen, der uns aufrechterhält, um einen ewigen Freund, der Mitleid mit uns hat.
Ellen G. White

Wenige Bibelerzählungen packen und ermutigen mich mehr als die von Kleopas und seinem ungenannten Freund, die an jenem unvergeßlichen Auferstehungstag zehn Kilometer zurücklegten. Dieser Bericht sagt mir, warum ich nie Angst zu haben brauche. Er gibt mir Grund, fröhlich und zufrieden zu sein. Er schenkt mir Kraft, wenn ich schwach und entmutigt bin.

Schweren Herzens machten sich die zwei Nachfolger Jesu auf den Weg von der Hauptstadt Jerusalem zu dem kleinen Dorf Emmaus. Sie hatten wirklich Ursache, traurig zu sein, wie es in der Bibel heißt (Lukas 24, 17). Ein moderner Übersetzer schildert ihre Empfindungen noch anschaulicher: „Ganz betroffen und verstört blieben sie stehen." (Lukas 24, 17, Bruns.)

In den vorausgegangenen 48 Stunden hatten sie die größte Enttäuschung ihres bisherigen Lebens erfahren. Ihr bester Freund, ihre Hoffnung für die Zukunft, ihr Messias war tot.

Als sie den steinigen Pfad entlang wanderten, redeten sie über alles, was geschehen war. Sie blickten zurück auf die wundervollen dreieinhalb

Jahre, die sie mit Jesus verbracht hatten. Sie erinnerten sich an seine machtvollen Worte und Taten. Sie dachten daran, wie der Sturm und die Wellen seinen Aufforderungen gehorchten. Er sprach nur drei Worte, und der tote Lazarus lebte wieder und stieg aus seinem Grab heraus! Er berührte den blinden Bartimäus, und sofort konnte dieser sehen. Er segnete einige wenige Nahrungsmittel — nur fünf Brote und zwei Fische —, und Tausende wurden satt. Nikodemus hatte recht, als er erklärte: „Wir wissen, daß Gott dich gesandt und dich als Lehrer bestätigt hat. Nur mit Gottes Hilfe kann jemand solche Taten vollbringen, wie du sie tust." (Johannes 3, 2, Die Gute Nachricht.) Und Petrus sprach für alle Nachfolger, als er sagte: „Du bist Christus, der Sohn des lebendigen Gottes!" (Matthäus 16, 16, Die Gute Nachricht.) Aus dieser Überzeugung heraus hatten sie gehofft, „er werde der Mann sein, der Israel befreit" (Lukas 24, 21, Die Gute Nachricht).

Daß er, der seine Macht über Leben und Tod bewiesen hatte, je selbst sterben könnte, stand für die Jünger außer Frage. Petrus bezweifelte öffentlich diese Möglichkeit (Matthäus 16, 21. 22). Doch dann riefen sich Kleopas und seine Begleiter die traurigen Ereignisse der letzten Tage ins Gedächtnis zurück: Die Feinde nahmen Jesus gefangen, quälten ihn und nagelten ihn ans Kreuz. Er starb wie ein verurteilter Verbrecher. Und Kleopas berichtet: „Und jetzt haben uns einige Frauen, die zu uns gehören, noch mehr erschreckt. Sie gingen heute früh zu seinem Grab, konnten aber seinen Leichnam nicht finden. Sie kamen zurück und erzählten, sie hätten Engel gesehen, die hätten ihnen gesagt, daß er lebt. Einige von uns sind gleich zum Grab gelaufen und haben alles so gefunden, wie es die Frauen erzählten. Aber ihn selbst haben sie nicht gesehen." (Lukas 24, 22—24, Die Gute Nachricht.)

Gerüchte einer Auferstehung! Frauengeschwätz! Einige Männer prüften es nach und fanden nichts! Unser Fall ist hoffnungslos!

Doch dann geschah etwas, was auf die beiden Männer einen tiefen Eindruck machte.

Jesus geht mit ihnen

Plötzlich „kam Jesus dazu und ging mit ihnen" (Lukas 24, 15, Die Gute Nachricht). Doch sie erkannten ihn nicht. In diesem Moment kam ihnen kein Gedanke, daß Jesus leben könnte. Vielleicht waren ihre Augen von den Tränen blind.

Als sie Emmaus erreichten, machte der Fremde den Eindruck, als ob er seine Reise fortsetzen wollte. Doch sie luden ihn ein: „Bleibe bei uns. Es ist fast Abend, gleich wird es dunkel." Ich bin sicher, daß sie den Rest ihres Lebens glücklich waren, daß sie ihn damals zu bleiben baten.

Als der Fremde das Tischgebet sprach, fiel ihnen auf, daß er die Hände genau wie Jesus immer zum Segnen hob. Erstaunt schauten sie ihn näher an und entdeckten aufregende Beweise dafür, wer ihr Gast wirklich war. An seinen Händen sahen sie die Narben der Nägel. Nur einer war so gezeichnet! „Da gingen ihnen die Augen auf, und sie erkannten Jesus! Aber im selben Augenblick verschwand er vor ihnen." (Lukas 24, 31, Die Gute Nachricht.)

Unterwegs hatte Jesus ihnen die Bücher Mose und die Propheten ausgelegt, daß der wahre Messias wirklich leiden, sterben und auferstehen werde. Es kann sein, daß er die Prophezeiung von vor 700 Jahren zitierte, wo das Leiden des Messias beschrieben wird: „Alle verachteten und mieden ihn; denn er war von Schmerzen und Krankheit gezeichnet. Voller Abscheu wandten wir uns von ihm ab. Wir rechneten nicht mehr mit ihm. In Wahrheit aber hat er die Krankheiten auf sich genommen, die für uns bestimmt waren, und die Schmerzen erlitten, die wir verdient hatten. Wir meinten, Gott habe ihn gestraft und geschlagen; doch wegen unserer Schuld wurde er gequält und wegen unseres Ungehorsams geschlagen. Die Strafe für unsere Schuld traf ihn, und wir sind gerettet. Er wurde verwundet, und wir sind heil geworden. Wir alle waren wie Schafe, die sich verlaufen haben; jeder ging seinen eigenen Weg. Ihm aber hat der Herr unsere ganze Schuld aufgeladen. Er wurde mißhandelt; aber er trug es, ohne zu klagen. Wie ein Lamm, wenn es zum Schlachten geführt wird, wie ein Schaf, wenn es geschoren wird, duldete er alles schweigend, ohne zu klagen." (Jesaja 53, 3–7, Die Gute Nachricht.)

Oder er mag sich auf seine eigenen Belehrungen vor seiner Kreuzigung bezogen haben: „Danach erklärte Jesus seinen Jüngern zum erstenmal, was ihm bevorstand: ‚Ich muß nach Jerusalem gehen. Dort werde ich durch die Ratsältesten, die führenden Priester und die Gesetzeslehrer vieles erleiden müssen. Man wird mich töten, doch am dritten Tag werde ich auferweckt werden.'" (Matthäus 16, 21, Die Gute Nachricht.) Nun dämmerte ihnen die volle Bedeutung seiner Worte und löste eine gewaltige Wirkung aus.

Ohne das Essen auf dem Tisch anzurühren, ohne auf dem vorbereiteten Lager sich auszuruhen, zogen sie ihre staubigen Schuhe wieder an und eilten zurück nach Jerusalem. Müdigkeit und Hunger waren vergessen. Die steinige Straße und die Dunkelheit der Nacht hielten sie nicht zurück.

Denken wir einen Augenblick an den Grund ihrer neugefundenen Freude, ihrer beeindruckenden Stärke und ihres unbezwingbaren Mutes. Sie fühlten die bleibende Gegenwart Christi! Er, der für ihre Sünden litt und starb, lebte mit ihnen. Sie spürten die treibende Kraft einer persönlichen Beziehung zu dem lebendigen Christus.

Nun verstanden sie die alte Weissagung Jesajas, die wir im Neuen Testament im Zusammenhang mit dem Besuch des Engels bei Joseph finden: „Sie wird einen Sohn bekommen; den sollst du Jesus nennen. Denn er wird sein Volk von aller Schuld befreien.' Dies geschah, damit in Erfüllung ging, was der Herr durch den Propheten vorausgesagt hatte: ‚Die Jungfrau wird schwanger werden und einen Sohn zur Welt bringen, den wird man Immanuel nennen.' Der Name bedeutet ‚Gott steht uns bei'." (Matthäus 1, 21–23, Die Gute Nachricht.)

Die Realität der Worte „Immanuel . . . ‚Gott steht uns bei'" veränderte Kleopas und seinen Freund. Sie kann auch uns verändern.

Seine ständige Gegenwart

Als Jesus nach seiner Auferstehung vor einer größeren Menschenmenge, etwa 500 an der Zahl, erschien, gab er ihnen in seiner Abschiedsbotschaft viele Zusagen. Eine davon ist besonders für uns heute, die wir am Ende des 20. Jahrhunderts leben, höchst bedeutungsvoll: „Und das sollt ihr wissen: ich bin immer bei euch, jeden Tag, bis zum Ende der Welt." (Matthäus 28, 20, Die Gute Nachricht.)

Wir dürfen gewiß sein, daß uns jemand zur Seite steht. Was zum Beispiel steht im Alten Testament an der Spitze der Beliebtheit? Fragen wir irgendeine Gruppe von Christen, und jeder wird den 23. Psalm, jenen Psalm vom Guten Hirten, nennen. Er beginnt mit dem vertrauensvollen Zeugnis: „Du, Herr, bist mein Hirt; darum kenne ich keine Not." (Psalm 23, 1, Die Gute Nachricht.) Wenn wir schon lange nicht mehr darüber nachgedacht haben, lesen wir ihn noch einmal durch und achten auf das völlige Vertrauen Davids, der lernte, sich auf den Schutz, die Führung und ständige Gegenwart des Herrn zu verlassen.

Warum sollten wir über die Zusicherung seiner andauernden Gegenwart nachsinnen? Mir fällt keine bessere Antwort als diese ein: „Nichts ist scheinbar hilfloser, in Wirklichkeit aber unbesiegbarer als ein Mensch, der sich seiner Nichtigkeit bewußt ist und völlig auf den Erlöser vertraut. Durch Gebet, Bibelstudium und den Glauben an Gottes beständige Gegenwart kann auch der schwächste Mensch in Verbindung mit Christus leben. Er wird ihn an der Hand halten und ihn nie loslassen." (Ellen G. White, „Lebensglück", Seite 119.)

Seine ständige Gegenwart! Wie sehr ich diesen Gedanken hege! Am Morgen lege ich mein Leben in Gottes Hand und bitte um Führung und Schutz für den Tag. In fröhlichen Augenblicken des Tages singe ich: „Er geht mit mir, und er spricht mit mir . . ."! Wenn die Sonne untergeht, beende ich den Tag mit einem Gebet: „Bleibe bei mir: denn wie schnell wechseln die Zeiten . . ." Ja, ich denke gerne an seine Anwesenheit. Doch was bedeutet das wirklich?

Was seine Anwesenheit bedeutet

Vielleicht sollte ich damit beginnen, was die Gemeinschaft mit Christus *nicht* bedeutet. Die Bibel macht deutlich, daß er uns nicht alle Steine aus dem Weg räumt. Auch wenn wir uns von den anderen abheben, leben wir doch in dieser Welt. Auch in der engen Verbindung mit dem Retter entgehen wir nicht Gefahren, Versuchungen und Leiden.

Was seine Anwesenheit beinhaltet, ist Kraft, um die Lasten zu tragen. Sie gibt Mut, sich den Lebensproblemen zu stellen, und Stärke, wenn das Weitermachen hart wird. Der Apostel Paulus drückte seine Philosophie in diesen Worten aus: „Ich habe gelernt, mich in jede Lage zu fügen. Ich kann leben wie ein Bettler und auch wie ein König; mit allem bin ich vertraut. Ich kenne Sattsein und Hungern, ich kenne Mangel und Überfluß. Allem bin ich gewachsen, weil Christus mich stark macht." (Philipper 4, 11−13, Die Gute Nachricht.)

Dieser Glaube und diese Erfahrung ändern unser Leben grundlegend. Wir meiden keine Mühen dabei, doch können wir uns auf die Führung Jesu verlassen. Mit diesen Gedanken im Sinn zitiere ich den Rat eines unbekannten Christen: „Betet nicht um ein leichtes Leben. Betet darum, stärkere Menschen zu sein. Betet nicht um Aufgaben, die euren Kräften entsprechen. Betet um Kräfte, die euren Aufgaben entsprechen. Dann werden nicht eure Taten ein Wunder sein, sondern ihr selbst, die ihr euch der Reichtümer in Jesus verwundert."

Ein kleiner Junge hatte ein Bild seines Vaters über seinem Bett hängen, weil jener oft auf Reisen war. Eines Abends schaute er sehnsüchtig zum Bild hinauf und meinte traurig: „Ich möchte gern, daß mein Vati aus jenem Bild heraustritt."

In dieser rührenden Bitte offenbarte der Junge eines der tiefsten Verlangen des Menschen: die Notwendigkeit des persönlichen Kontaktes. Wir schaffen uns häufig Ersatz, wie Bilder, Briefe, Dias, Heimkino, Kassetten. Doch so hilfreich das alles sein mag, es kann nicht den Platz des Menschen einnehmen. Nichts ersetzt jenen, den wir liebhaben.

In der Geschichte der beiden Männer, die von Jerusalem nach Emmaus gingen, lesen wir, daß Jesus mit ihnen ging. Als ihnen das bewußt wurde, schwand die Furcht, und neue Freude füllte ihre Herzen. Die Niederlage wurde in einen Sieg verwandelt!

Wir sehnen uns auch nach einem solchen Erlebnis. Wir wollen frei von Furcht sein, Hilfe und Beflügelung zum siegreichen Leben erhalten. Lesen wir nochmals die Worte Jesu: „Ich bin immer bei euch, jeden Tag, bis zum Ende der Welt." (Matthäus 28, 20, Die Gute Nachricht.)

Die Hand, die nie losläßt

In Christus kommt Gott selbst uns nahe. Das sind ermunternde Nachrichten. Ich kenne keine besseren! Manche Menschen haben Angst vor Gott, als ob er uns vom Himmel ausschließen wolle. Doch es ist gerade umgekehrt: Er gab seinen eingeborenen Sohn zu unserer Rettung! Als Christus über die Verlorenen weinte, offenbarte er den Kummer, den die Menschen Gott bereiten, die sich von ihm abwenden.

Durch Christi Wort spricht Gott zu uns. In Christi Person nähert er sich uns. Wir brauchen uns nie allein oder im Stich gelassen zu fühlen. Gott ist darum besorgt, immer Gemeinschaft mit uns zu haben. Er wollte das, bevor wir ihn suchten. In Jesus bringt Gott den Hoffnungslosen Hoffnung, den Traurigen Trost. Er ist Immanuel, „Gott mit uns" (Matthäus 1, 23).

Vor langer Zeit schon faßte ein Mönch namens *Bruder Lawrence* die Gedanken in die Worte: „Wäre ich ein Prediger, würde ich vor allem anderen die praktische Ausübung der Gegenwart Gottes predigen." Das ist es! Die praktische Ausübung der Gegenwart Gottes. Wenn wir ihn einladen, ihn suchen, zu ihm sprechen, werden wir ihn finden und mit ihm Gedanken austauschen.

Durch seinen Geist ist Christus uns heute nahe. Ich entdeckte keine bessere Beschreibung der Bedeutung seiner Gegenwart als die einer armen Methodistin aus dem 18. Jahrhundert:

„Ich weiß nicht, wann ich glücklichere Zeiten gesehen habe als dann, wenn ich bei der Arbeit saß mit nichts als einer Kerze und einem weißen Tuch vor mir, ohne irgendwelche Laute außer meinem Atem zu hören; mit Gott in meiner Seele und dem Himmel in meinen Augen. Ich freue mich, daß ich bin, was ich bin – ein Wesen, fähig, Gott zu lieben, und das, solange Gott lebt, glücklich sein wird. Ich stehe auf und sehe eine Weile aus dem Fenster, schaue zum Mond und zu den Sternen hinauf, den Werken einer allmächtigen Hand. Ich denke an die Erhabenheit des Universums, setze mich dann nieder und denke, daß ich eines der glücklichsten Wesen darin bin."

Der Glaube an seine immerwährende Gegenwart wird uns mit dem lebendigen Christus verbinden. Wenn wir ihm vertrauen, erlauben wir ihm, uns an einer Hand zu halten, die nie loslassen wird.

182

Ans Ziel gelangt | 20

Ich bin der Weg und die Wahrheit und das Leben.
                                    Johannes 14, 6

Ich erinnere mich gut an einen angesehenen und wohlhabenden Geschäftsmann, der ernsthaft daran dachte, Christ zu werden. Durch eine Evangelisation, die ich in einer kleinen skandinavischen Stadt leitete, wurde sein Interesse an der Bibel geweckt.

„Was hält Sie zurück?" fragte ich ihn. Er sagte nichts — starrte nur auf den Boden. Ich ließ nicht locker: „Was besitzen Sie wirklich im Leben, solange Sie nicht sicher sein können, ob Sie Gottes Kind sind?"

Seine Antwort kam in drei knappen Worten: „Ich habe nichts."

Seine Aussage beeindruckte mich tief. Der erfolgreiche Geschäftsmann sprach die nackte Wahrheit aus. Seine Ehrlichkeit ließ ihn die wirkliche Lebenstatsache verstehen. Obwohl er sich seiner Gesundheit, der öffentlichen Anerkennung und materieller Güter erfreute, spürte er das Bedürfnis nach etwas Größerem — etwas Wichtigerem. Ruhm und Glück waren bedeutungslos, weil er das Grundlegende für wahres Glücklichsein nicht besaß.

In starkem Kontrast zur Antwort des Geschäftsmannes stehen einige Aussagen, die ein Christ machte, als er drei Jahre wegen seiner Glaubensüberzeugung im Gefängnis saß. Nach seiner Freilassung hielt er seine Gedanken und Gefühle während der Einzelhaft fest, während der er völlig von der Außenwelt abgeschlossen war. Er schrieb:

„Ich hatte keine Bibel zur Hand, keine Armbanduhr, keinen Bleistift und kein Papier in meinen Taschen. Es gab keine echte Hoffnung auf Freilassung. Es gab keine echte Lebenshoffnung. Es gab keine wirkliche Möglichkeit einer Wiedervereinigung mit meinen Lieben. Die einzige Wirklichkeit war mein Herr und Retter, Jesus Christus. Von allem getrennt, wurde er alles für mich. Er brach meine Gitter und erweiterte meinen Horizont in dem engen Raum. Er wurde meine reichhaltigste Nahrung neben meinem mageren Essen, ‚mein Fleisch‘, von dem meine Gefängniswärter nichts wußten. Er machte mich durch seinen Beistand froh. Er ließ mich seine Stimme hören." (Geoffrey T. Bull)

Das erinnert mich an ein Zeugnis des Apostels Paulus unter ähnlichen Bedingungen. Während er allein in einer feuchten Gefängniszelle saß und auf die Urteilsvollstreckung wartete, schrieb der tapfere Apostel: „Denn ich werde schon geopfert, und die Zeit meines Abscheidens ist vorhanden. Ich habe den guten Kampf gekämpft, ich habe den Lauf vollendet, ich habe Glauben gehalten; hinfort ist mir bereit die Krone der Gerechtigkeit, welche mir der Herr, der gerechte Richter, an jenem Tage geben wird, nicht mir aber allein, sondern auch allen, die seine Erscheinung liebhaben." (2. Timotheus 4, 6—8.)

Wohin sollen wir gehen?

Jesus fragte seine Jünger einst, ob sie ihn auch verlassen würden. Petrus antwortete mit einer Gegenfrage: „Herr, wohin sollen wir gehen? Du hast Worte des ewigen Lebens." (Johannes 6, 68.)

Wir stellen heute ähnliche Fragen. Wohin sollen wir gehen? Wer wird unsere Probleme lösen? Wer schenkt uns Hoffnung für die Zukunft? Wer verschafft uns eine sichere Führung? Wenn wir die Menschen neben uns fragen, meinen sie: Das wissen wir nicht!

Sich mit Schwierigkeiten zu beschäftigen, die keine vorgegebene Lösung haben, macht die meisten Menschen ruhelos und unzufrieden. Das Leben ist nicht vollkommen. Uns selbst überlassen, spüren wir eine Leere, die danach schreit, gefüllt zu werden. Warum existiert das Universum? Warum gibt es Menschen auf diesem Planeten? Warum bin ich da? Gibt es ein Leben nach dem Tode? Was wird mit mir geschehen? Hängt mein zukünftiges Schicksal davon ab, wie ich heute lebe?

Wir sinnen über die uralte Frage nach: Was ist der Sinn des Lebens? Wir essen, arbeiten, schlafen. Tage, Wochen und Jahre vergehen. Wir werden alt, krank und schwach. Was dann? Machen wir all das durch, um weggeworfen zu werden wie alte Kleidung? Müssen wir beiseitegeschoben werden, nur um anderen unseren Platz zu überlassen? Wie können wir die großen Teile des Lebenspuzzles zusammensetzen?

Ein lebendiger Glaube an Jesus vermittelt Antworten auf viele unserer Fragen. Soweit es uns dienlich ist, Bescheid zu wissen, hat Gott die Wahrheit über sich selbst, über Leben und Tod, Hölle und Himmel enthüllt. Das Christentum sagt uns, woher wir kommen, warum wir hier sind und wohin wir gehen.

1938 schrieb der chinesische Philosoph *Lin Yutang* das Buch „The Importance of Living" (Die Wichtigkeit zu leben), das ihn weltberühmt machte. Es handelte von der Freude am Leben und wurde in viele Sprachen übersetzt. *Lin Yutang* war Christ gewesen, doch in dem Buch erzählt er, warum er Abstand vom Christentum nahm. Ein Kapitel des Buches ist überschrieben: „Warum ich ein Heide bin." Nach einigen Jahren dieser Lebensweise änderte er seine Meinung noch einmal.

1959 erschien ein weiteres Buch: „From Pagan to Christian" (Vom Heiden zum Christen). Darin beschreibt er seinen Weg zurück zum christlichen Glauben und gibt die Gründe dafür an. Dieser bekannte asiatische Philosoph zeichnete ein interessantes Bild der großen östlichen Religionen, die er so genau kannte. Er schließt mit diesem Vergleich:

„,Blast die Kerzen aus! Die Sonne ist aufgegangen', sagte ein großer Philosoph und Einsiedler, als der Kaiser Yao den Thron bestieg. Das ist das natürliche Bild, wenn die Menschheit ein unvergleichliches Licht sieht. Die Welt Jesu ist die Welt des Sonnenscheins im Vergleich zu den Kerzen aller Weisen, Philosophen und Lehrer jedes Landes. Wie die Jungfrau über den Gletschern der Schneewelt steht und den Himmel selbst zu berühren scheint, haben Jesu Lehren die Unmittelbarkeit und Klarheit und Einfachheit, die alle anderen Anstrengungen des menschlichen Verstandes in den Schatten stellt, Gott zu kennen oder nach Gott zu fragen."

Lin Yutang legte auch folgendes Zeugnis ab: „Über dreißig Jahre lang war der Humanismus meine einzige Religion: der Glaube daran, daß der Mensch, von der Vernunft gelenkt, sich selbst genügte; daß der Fortschritt im Wissen allein die Welt verbessern würde. Doch nachdem ich das Fortschreiten des Materialismus des zwanzigsten Jahrhunderts und die Taten der

Nationen, die ohne Gott leben, gesehen habe, bin ich davon überzeugt, daß der Humanismus nicht ausreicht, daß der Mensch für sein bloßes Überleben die Verbindung zu einer äußeren Macht braucht, die höher ist als er. Und darum bin ich zum Christentum zurückgekehrt ... Ich frage nicht länger, ‚Gibt es eine befriedigende Religion für den modernen, gebildeten Menschen?' Meine Suche ist beendet. Ich bin heimgekehrt."

Die Ewigkeit in unserem Herzen

Vor Tausenden von Jahren bekundete David seine innersten Sehnsüchte mit diesen Worten: „Wie der Hirsch lechzt nach frischem Wasser, so schreit meine Seele, Gott, zu dir. Meine Seele dürstet nach Gott, nach dem lebendigen Gott." (Psalm 42, 2. 3.)

Für die meisten Menschen kommt einmal die Zeit, wo sie diesen intensiven Durst nach etwas verspüren, woran es in ihrer Erfahrung mangelt. Eine unerklärliche Leere, ein unbefriedigtes geistliches Wünschen bezeugt, daß Gott uns Ewigkeit ins Herz gelegt hat. Unsere Freude kann nicht vollkommen sein, bis wir unsere Suche beendet und den Weg zurück nach Hause gefunden haben.

Wie finden wir den Weg?

Christi Antwort auf die wichtigste Frage des Lebens ist nicht schwer. Sie kann von dem einfachen Mann auf der Straße ebenso verstanden werden wie von hochgebildeten Wissenschaftlern und großen Gelehrten. Die Antwort lautet: „Wie viele ihn aber aufnahmen, denen gab er Macht, Gottes Kinder zu werden, die an seinen Namen glauben." (Johannes 1, 12.)

Die „an seinen Namen glauben", haben die Macht und das Recht, Gottes Söhne und Töchter zu werden. Eine der besten Antworten liegt in folgender Aussage: „Keiner kann die Verfehlungen der Vergangenheit abbüßen und aus eigenem Vermögen ein geheiligter Mensch werden. Aber Gott hat verheißen, durch Christus all das für uns zu tun.

Dieser Verheißung haben wir nur zu *glauben*. Wir bekennen unsere Sünden und weihen unser Leben Gott zum Dienst. Sobald wir das tun, wird er an uns seine Verheißungen erfüllen. Wenn wir sein Wort glauben und davon überzeugt sind, daß unsere Missetaten getilgt und unsere Herzen gereinigt sind, wirkt Gott das Entscheidende, und wir werden geheilt, geradeso wie der Gelähmte von Christus geheilt wurde. Das geschieht, wenn wir glauben.

Warte nicht, bis du zu *fühlen* meinst, daß du geheilt bist; sage dir vielmehr: Ich glaube, daß es so ist, weil Gott es verheißen hat." (Ellen G. White, „Der bessere Weg", Seite 39.) Nur das Evangelium bietet diesen Rettungsweg an. Andere Religionen lassen die Menschen sich durch eigene Kraft erheben, doch Jesus Christus hebt uns hoch zu Gott: „Und sie wird einen Sohn gebären, des Namen sollst du Jesus heißen, denn er wird sein Volk retten von ihren Sünden." (Matthäus 1, 21.)

Christus kennen

Vor vielen Jahren unterrichtete ein alter Professor an einer Fachhochschule. Sein Leben übte einen ungewöhnlich starken und guten Einfluß auf die Studenten aus. Ein neugieriger junger Mann wollte hinter das

Geheimnis der Kraft des alten Professors kommen. Eines Abends versteckte er sich deshalb in dem Arbeitszimmer des Mannes, denn er wußte von dessen Gewohnheit, jeden Abend dort eine kurze Weile zu verbringen.

Es wurde spät, bis der Professor kam. Der junge Mann beobachtete, wie dieser sich niedersetzte und in der Bibel las. Dann beugte er seinen Kopf zum stillen Gebet. Endlich schloß er die Bibel, schaute auf und meinte: „Ja, Herr, wir kennen uns noch."

Auch wir können die zufriedenmachende Erfahrung erleben, Jesus gut zu kennen. Seine Worte sind genauso frisch und persönlich wie damals, als ihm die Leute vor etwa 2000 Jahren zuhörten. Er nimmt heute die Furcht weg. Er schenkt Hoffnung für die Zukunft. Die Gemeinschaft mit ihm öffnet die Bahn für die größten Erlebnisse des Lebens. In ihm finden wir Antwort auf die Fragen des Lebens.

Hoffnung ohne Illusion

von Winfried Noack

265 Seiten, über 50 ein- und mehrfarbige Abbildungen, vierfarbiger Umschlag

Der Mensch hofft, solange er lebt. Ohne Hoffnung leben, das ist kein Leben. Eine befriedete Welt ohne Angst, Hunger und Seuchen — die große Hoffnung des Menschen. Oft war sie das einzige, woran einer festhalten konnte.

Aber Hoffnung ist nicht nur Kraft, die uns beflügelt; sie ist oft auch trügender Schein. Viele Hoffnungen haben den Menschen getrogen. Warum? Weil sie auf Wunschvorstellungen und Mutmaßungen, auf Illusionen beruhten. Stellt sich dann Einsicht ein, ist es oft zu spät.

Echte Hoffnung zeigt nicht nur das Ziel. Sie führt auch auf den Weg, auf dem sich unsere Hoffnung verwirklicht. Hoffnung ohne Illusion.

Aus dem Inhalt:

Dunkle Wolken — heitere Zukunft? ● Unser Planet wird geplündert ● Müllkippe Meer ● Die Hoffnung wird geboren ● Warum ich an Gott glaube ● Christus kommt wieder ● Die Toten stehen auf ● Du kannst zweimal leben ● Verantwortlich leben: Ehe, Familie, Zeit, Eigentum

SAATKORN-VERLAG GMBH · HAMBURG 13